LA SAL SOBRE LA NIEVE

ÁNGELES MORA

LA SAL SOBRE LA NIEVE

[*Antología poética 1982-2017*]

Edición y prólogo de Ioana Gruia

RENACIMIENTO
SEVILLA • MMXVII

Diseño de cubierta: Marie-Christine del Castillo

© Ángeles Mora
© Edición y prólogo: Ioana Gruia

© Fotografía: Teresa Gómez
© 2017. Editorial Renacimiento

Depósito Legal: SE 835-2017
Impreso en España

ISBN: 978-84-16981-47-2
Printed in Spain

UN LUGAR IRRENUNCIABLE: LA POESÍA DE ÁNGELES MORA

Hay poemas que incorporamos a nuestra vida. Se adhieren a la piel que no en vano, como afirma Paul Valéry, es lo más profundo que tenemos, y desde ahí construyen un lugar a la vez íntimo y compartido. Son versos que consuelan en las noches aciagas e iluminan las alegrías más intensas. «Hay cosas a las que no puedes renunciar porque eso te partiría el corazón», dice un personaje en el cuento «El don» de James Salter. Entre las cosas a las que yo no podría renunciar porque las llevo ya en la piel están los poemas de Ángeles Mora, que me acompañan desde hace casi veinte años. La gran literatura, como el amor, posibilita, según Martha Nussbaum, una vida mejor y más plena.

Ángeles Mora (Rute, Córdoba, 1952) es sin duda uno de los nombres fundamentales de la poesía actual en lengua española. Al elegir el sustantivo «nombre» quiero dejar claro que su escritura destaca de manera sobresaliente no sólo entre *las* poetas de su generación (que a pesar de algunos reconocimientos y premios siguen teniendo en general menos proyección que sus compañeros hombres). Y he insistido en que se trata de la poesía en lengua española, y no únicamente de la poesía española, para subrayar el amplio alcance de la escritura de Ángeles Mora, distinguida en 2016 con el Premio Nacional de la Crítica y el Premio Nacional de Poesía por *Ficciones para una autobiografía* (Bartleby, 2015).

Su primer libro, *Pensando que el camino iba derecho* (1982), se sitúa desde el título bajo el signo de Garcilaso y está atravesado también por las huellas de San Juan de la Cruz, Santa Teresa, Vicente Aleixandre y Pedro Salinas. Con apenas treinta años, la autora demuestra una madurez sorprendente en la construcción del amor, uno de los temas más difíciles en poesía y cuyo tono requiere un equilibrio a la vez poderoso y delicado. A partir de *Pensando que el camino iba derecho* toma cuerpo uno de los rasgos característicos de la obra de Ángeles Mora: el vínculo entre la vivencia amorosa (plena, exuberante, cargada de erotismo pero también conocedora del desengaño) y la atención, siempre fina y plasmada poéticamente con precisión, a los matices más sutiles de la profundidad psicológica.

La reescritura de la tradición petrarquista en la clave de la sentimentalidad contemporánea, de la *otra sentimentalidad* (que nace en los ochenta y en la que Ángeles Mora es un nombre destacado), ofrece frutos ya de plenitud con treinta años. En *Pensando que el camino iba derecho* encontramos una ligereza difícil de conseguir, que unida a la complejidad constituye uno de los rasgos más sobresalientes de la poesía en general y el que define la de Ángeles Mora. Recordemos que Calvino exaltaba la ligereza en *Seis propuestas para el próximo milenio* y que detrás de esta cualidad de apariencia evanescente late un sentido muy preciso de la elaboración. Los días van despeinados, arrebolados de pasión, «descalzos» y «la pequeña habitación», escenario íntimo de los encuentros amorosos, se llena de «perfumes, / besos, alas». Estamos ante una sentimentalidad desbocada y un rotundo vitalismo erótico.

En 1985 Ángeles Mora publica *La canción del olvido*. En este libro se configuran dos rasgos que serán constantes en su poesía: la intersección de la historia íntima y la historia social y la desmitificación del amor romántico y de los estereotipos de feminidad y masculinidad. Un poderoso imaginario, salpicado de inteligente y suave ironía, que convoca a Verlaine, Gil de Biedma, Valle-Inclán, Moratín, Brecht, Faulkner y canciones italianas de los años sesenta, oscila entre la rotunda exaltación del amor apasionado y la lucidez a la hora de señalar las grietas de la figura del «príncipe azul».

Por *La canción del olvido* deambulan mujeres con «alma llena de lluvia», mujeres que caminan siempre, que buscan lugares propicios al amor a la vez que se rebelan en contra del papel que le asigna el patriarcado, mujeres que recuerdan a la «niña errante» de «Otra educación sentimental» y anticipan a *La dama errante*, libro que la autora publicaría en 1990. Historia personal e historia colectiva se entrelazan en «Casablanca» y el jazz irrumpe con fuerza en el mundo afectivo de los poemas de Ángeles Mora. Junto al memorable tema *As time goes by* de «Casablanca» aparecen Cortázar y su inmortal perseguidor Charlie Parker en «Jam Session»: «escucho al Bird / como te quiero a ti».

La guerra de los treinta años (1990), que obtuvo el Premio Rafael Alberti, ahonda en las dos líneas temáticas abiertas en *La canción del olvido*, la imbricación de la intimidad amorosa y la historia y la construcción de un personaje femenino enamorado e inteligente. Emoción y pensamiento se vuelven inseparables y este es, según afirma T. S. Eliot en «Los poetas metafísicos», un sello de la gran poesía. Ángeles Mora retoma la reescritura de la tradición clásica española, invocando otra vez a Garcilaso, y recurre también a Mallarmé, Borges, Céline o Shakespeare, junto con el cine y su gran querencia el jazz.

El libro se abre con «Los desastres de la guerra», que señala ya el estrecho vínculo entre el amor y la historia –«Queríamos amar, amor, amarnos / cuando aún era posible acariciarte / y soñar otra historia»–, y se cierra, antes del epílogo, con «El tercer hombre», donde se evidencia la inseparabilidad entre las dos historias, la íntima y la colectiva. A partir de la explícita referencia a la novela de Graham Greene y sobre todo de la película basada en ella que, con el guión del propio Greene, dirigió Carol Reed en 1949, Ángeles Mora construye un poema muy cinematográfico, que incorpora y reescribe de manera muy audaz y certera referencias a la mística erótica fusionadas con la vivencia amorosa contemporánea.

Si en «El tercer hombre» la silueta de Alida Valli desaparece entre los tilos y la «vieja ternura» es aprendida en una sentimentalidad vital y cultural que deja «una piel de París entre los labios», en «Aimez-vous Brahms?»

el yo poético femenino, pasional e inteligente, que sabe que «Ya no se trata de esperar milagros,[...] / Se trata sólo de compartir los bordes / de la vida al caer», tiene un aire a Ingrid Bergman, protagonista de la estupenda película de Anatole Litvak, *Goodbye again* (1961), basada en la novela de Françoise Sagan a la que remite explícitamente el título del poema.

La inteligencia es precisamente uno de los rasgos más destacados de las mujeres que navegan o hacen la maleta en las páginas de *La guerra de los treinta años*. Mujeres que, como las protagonistas de «Aguja de navegar amores», aprenden a usar la brújula del pensamiento para evitar la cíclica repetición del naufragio amoroso.

Y «La chica de la maleta» se anuncia desde el primer verso la historia de un naufragio íntimo. La inteligencia es importante, pero a veces no basta para protegernos. El tiempo del poema es la «mañana», «fría», «oscura», «dura»: «esta fría mañana», «esta oscura mañana», «esta dura mañana», «esta mañana fría». Los adjetivos construyen un tiempo inhóspito y conducen a intuir un espacio igualmente desolador: la habitación en la que el personaje poético inicia su serie de renuncias y se instala en una repetida negación de las costumbres diarias, anticipando así su gesto decisivo:

Esta fría mañana tan cerca de diciembre
no tomé el desayuno, no he leído el periódico,
no me metí en la ducha después de la gimnasia
(esta oscura mañana no quise hacer gimnasia)
no subí la persiana para asomarme al cielo
ni he mirado en la agenda las promesas del día.

Alguien que no mira «en la agenda las promesas del día» es alguien que ha renunciado a estas promesas y al potencial de ilusión que albergaban, igual que ha renunciado a los gestos reconocibles, apacibles, acostumbrados de cada mañana. El tiempo de «esta dura mañana con su duro castigo» (la repetición aumenta la sensación de desasosiego, de fracaso absoluto) es un tiempo huraño, inhóspito, hostil; es el tiempo de la extrañeza, del alejamiento:

Esta dura mañana con su duro castigo
he roto algunas cosas que mucho me quisieron
y salvé algunas otras porque duele mirarlas.

Estas «otras» cosas componen el equipaje del personaje poético, de la mujer que ha decidido construirse *otra*. Son las cosas de la maleta (que no se nombra nunca, salvo en el título), las cosas que se lleva consigo la chica que habita el poema. Y, en una apuesta por la lucidez, se las lleva precisamente porque «duele mirarlas» (mientras rompe «algunas cosas que mucho me quisieron»), porque no permiten la ilusión, el espejismo, las «gaviotas» y los «mensajes» que aparecen en los próximos versos. La historia que ha conducido a «esta mañana fría» es la historia de un fracaso y una desolación:

Para nuestro personaje, «las promesas del día», «la sorpresa [...] con sus dientes de anís» y la esperanza del «aire» que «lleva gaviotas y mensajes» son «viejos asuntos» en los que ha dejado de creer por puro aprendizaje de la inteligencia, del uso de la «aguja de marear», aunque aquí esta aguja ya no sirva para esquivar el naufragio:

> *Cuando menos lo esperas, suele decir la gente,*
> *la sorpresa aparece con sus dientes de anís.*
> *Cuando menos lo esperas, si te fijas un poco,*
> *verás que el aire lleva gaviotas y mensajes...*
> *mas ya no van conmigo esos viejos asuntos.*
> *El aire arrastra lluvias y tristezas heridas*
> *y yo no quiero verlo cruzar como un bandido*
> *tan guapo y tan azules sus ojos venenosos.*

Estos versos operan una magnífica desmitificación del relato idealista del amor como «etéreo» o «diáfano».

El «vuelo» se ha convertido en un difícil arrastre. La sustitución del «aire» que «lleva gaviotas y mensajes», con sus implicaciones de ligereza y despreocupación, por el «aire» que «arrastra lluvias y tristezas heridas», con las consecuentes connotaciones de pesadez, de lastre, de dolor, es magistral. El cambio en las metáforas construye no sólo un cambio de imaginario afectivo, sino una identificación: al igual que la maleta (que no aparece nunca en el poema), el aire «arrastra» el equipaje de las cosas que duele mirar, que coinciden con las «lluvias» y las «tristezas heridas». Si el aire «arrastra» pierde su cualidad etérea, desciende digamos a ras del suelo, se convierte en «bandido» de «ojos venenosos».

Es en la última estrofa donde se acaba la construcción del yo en la partida:

> *Esta fría mañana tan cerca de diciembre*
> *cuando rozan los árboles de puntillas las nubes*
> *junto a tanta miseria, tan helada ternura,*
> *yo dejo mi impotencia, mi personal naufragio*
> *entre estos blancos pliegues olvidado...*

Aparte de la bellísima correspondencia entre la imagen de los árboles desnudos en invierno y la «helada ternura», fijémonos en el *espacio* en donde se *deja* el «naufragio»: «entre estos blancos pliegues olvidado». Suenan aquí, según me señaló la propia autora, los ecos del final de «Noche oscura» de san Juan de la Cruz: «dejando mi cuidado / entre las azucenas olvidado». Además, por lo que respecta al poema en general, me indicó también la referencia de la película «La ragazza con la valigia» de Valerio Zurlini (1961), que formaba parte de su «mitología personal» (tomo prestadas las palabras de Jaime Gil de Biedma) en la época en que lo escribió.

Estamos así ante la construcción del cuerpo. La impotencia, el naufragio, el fracaso, son impotencia, naufragio y fracaso del cuerpo. Los «blancos pliegues» cumplen un doble sentido: pueden ser los pliegues de las sábanas o los pliegues del papel, los pliegues del cuerpo-poema que surge precisamente en este espacio en donde alguien ha dejado el naufragio «entre estos blancos pliegues olvidado», en los intersticios, en las fisuras, en las grietas. Si el naufragio se deja «olvidado» «entre estos blancos pliegues», con la doble metáfora implícita, el cuerpo *cae* dentro de «ese traje roto», dentro del poema, y se convierte en pliegue del poema, pliegue del naufragio:

> *Aunque mi cuerpo caiga doblemente desnudo*
> *en ese traje roto que luego es un poema.*

La imagen que dibujan estos versos es asombrosa y básica para la comprensión de toda una poética: el cuerpo *cae*, es atrapado, «doblemente desnudo» (el desnudo de la piel y la piel del lenguaje) en el «traje roto» del lenguaje, en el poema que muestra las grietas, las cosas que arrastra el aire, las «lluvias» y las «tristezas heridas». En el último poema de *Contradicciones, pájaros*, «El espejo de los espías», «el lenguaje / acaba también siendo un animal / herido». En este sentido, el poema sólo puede ser un traje roto que reciba la caída del cuerpo sin dejarle la posibilidad de la ilusión, precisamente porque está roto, a la intemperie, «flotante». ¿Dónde vive el sujeto cuyo cuerpo –un cuerpo de amor, aunque este amor *caiga* hacia el aire que «arrastra» y no se *eleve* al aire que «lleva»– «doblemente desnudo» acaba de caer en el traje roto «que luego es un poema»? Vive justamente «entre estos blancos pliegues olvidado». Pero es posible imaginar otros pliegues: los pliegues del interior de la maleta, entre los cuales se cuela el naufragio, materializado como un objeto más. Nuestro sujeto, muy lúcido e inteligente, vive en la escritura nómada, se va del jardín:

Aunque otro sueño baje su luz por la almohada
y ya no te despierte mi voz en el jardín.

El último verso da la clave del poema. La voz dejará de sonar en el jardín porque la chica se ha ido con este objeto que no se nombra nunca en el poema, sólo en el título. Con su maleta repleta de cosas que duele mirar. Es el inicio de un viaje y de una trasformación, ya que el poema se titula precisamente «La chica de la maleta». Es decir, la chica inseparable de su maleta, de su equipaje que ya hemos visto de qué puede estar compuesto. Aunque no sabemos adónde se ha ido, podemos conjeturar que en busca de un refugio, un refugio que bien pudiera ser una habitación de hotel como la que pintara Hopper en 1931. En su conferencia sobre este cuadro, Carmen Martín Gaite explica que el papel que la joven mira con melancolía es, según el testimonio de la mujer del pintor americano, una guía de ferrocarriles. Y llegamos así, para continuar el viaje imaginario de «la chica de la maleta», a una posible estación y a una fotografía de 1980, «Gare d'Austerlitz» de Bernard Plossu, que a mí me hizo pensar desde que la vi en el poema de Ángeles Mora, y en la que aparece en primer plano una chica en medio de la estación. A su alrededor hay un círculo vacío; al fondo, los viajeros se agitan apretujados, con prisa, o esperan con impaciencia. Están lejos, muy lejos de ella. Calzada con zapatos de tacón, ataviada con una maleta, un bolso y una gabardina, la chica se lleva una mano a la frente, en un gesto de tranquilo desconcierto. Parece no saber adónde ir y sin embargo ha llegado hasta ahí y espera iniciar un viaje a alguna parte. Para mí, «La chica de la maleta», «Habitación de hotel» y «Gare d'Austerlitz» tienen un «aire de familia» y narran la historia de una ausencia. Alguien está ausente del poema, del cuadro, de la fotografía, al mismo tiempo que los cuerpos de las mujeres que los habitan se construyen en la frágil oscilación presencia / ausencia. Entre los blancos pliegues. En la escritura nómada. En los objetos que caben en una maleta.

Pero hay otro viaje que se insinúa en «La chica de la maleta»: el viaje hacia «ese traje roto que luego es un poema». Volviendo al «naufragio / entre estos blancos pliegues olvidado», cabría tal vez considerarlo también como algo que el personaje poético olvida deliberadamente, en un intento de dejarlo fuera de la maleta. Sin embargo, sabemos que casi siempre los naufragios se cuelan en cualquier maleta, se instalan quizás en los pliegues, y desde ahí recuerdan que es imposible olvidarlos. Tenemos entonces varias posibilidades: el naufragio dejado, olvidado entre los pliegues de las sábanas, de la maleta, del papel. Pero hay algo más, ya que este «olvido» deliberado responde a un magnífico juego de espejos e identidades: en la misma urdimbre del poema se construyen «la chica de la maleta» con su naufragio y el «yo» que transforma este naufragio en materia poética, «en ese traje roto que luego es un poema».

En el magnífico prólogo al libro *Contradicciones, pájaros*, Juan Carlos Rodríguez afirma: «No se renuncia a la vida, pero hay que ser consciente de que se vive en el desierto»[1]. No por casualidad el libro siguiente a *La guerra de los treinta años* se titula *La dama errante* (1990), el nuevo nombre si queremos de «la chica de la maleta». Por sus páginas camina una dama que sabe bien que el corazón y el pensamiento van de la mano, que ambos son imprescindibles en el amor aunque, como en el poema «Casi un cuento», los amantes eviten cuidadosamente hablar de enamoramiento. La ternura se asume desde la difícil capacidad de sortear cualquier lugar común o tópico, el tono tensa la cuerda de la emoción al justo punto:

> *Él susurró que lo mejor sería*
> *no enamorarse,*
> *ella no le llevó la contraria,*
> *para qué si se sabía vencida.*

---

1. Madrid, Visor, 2001, p. 15.

«Casi un cuento» no es sólo una reflexión sobre el amor, también sobre el lenguaje. ¿Qué lenguaje construye el amor y qué amor construye el lenguaje, qué vínculo delicado y poderoso hay entre ambos? Conocedores de las trampas y el desgaste del lenguaje, los amantes deciden no hablar de «amor» pero vivir algo que se le parece mucho con total felicidad:

> *Una y otra vez volvieron a encontrarse.*
> *Sin amor.*
> *Eso sí,*
>   *felices como niños.*

En *La dama errante* surge otro tema que encontramos también en *Caligrafía de ayer* y *Bajo la alfombra*: las ruinas. En «Conocimiento de las ruinas» la contemplación de las ruinas físicas, de los «escombros», aparentemente distantes («Uno las mira con indiferencia, / su sola evocación es ya distancia»), lleva al descubrimiento de las ruinas alojadas en el propio interior:

> *Duele mirar las ruinas, pues de pronto,*
> *si te fijas despacio, te sorprenden.*
> *Las ruinas son de aquí:*
> *se me parecen.*

En «Gastos fijos» se construye un personaje poético que subvierte con formidable ironía el estereotipo de la mujer diligente, la que lleva de manera ejemplar la casa y las cuentas:

> *Estuve haciendo cuentas*
> *pues no sé hacer milagros*
> *ni esas cosas que dicen*
> *sabemos las mujeres.*
>
> *Y ahora que estás lejos me pregunto*
> *si acaso vivir sola*
> *no me cuesta más caro.*

En 2000 se publica el que fue de hecho el primer libro escrito de Ángeles Mora, *Caligrafía de ayer* y que, centrado en los recuerdos de la infancia, anuncia ya el mundo del último volúmen hasta la fecha, *Ficciones para una autobiografía*. En «Fotografía con pátina II (Una cierta niñez)» se lleva a cabo una sutil reflexión sobre la infancia y la reconstrucción que hacemos de esta etapa desde la perspectiva y —en el sentido más literal, porque se habla de una fotografía— desde la mirada de la madurez:

Pero si miro esta fotografía de ayer,
si me paro en los ojos,
comprendo
que los niños tampoco son tan niños,
que tienen mucha historia pasada,
mucho lento futuro,
[…]
Como si se asomaran
a estos ojos —sus ojos o los míos—
entre mudas preguntas insufribles:
¿qué has hecho con tu vida?
por ejemplo.

En 2001 Ángeles Mora obtiene el Premio Internacional de Poesía Ciudad de Melilla con *Contradicciones, pájaros*. El yo poético, siempre elaborado a través de la escritura, está «fuera, / en otra parte siempre», como leemos en el primer poema, «El infierno está en mí» (cuyo título contradice las célebres palabras de Sartre, «el infierno son los otros»). La subjetividad habita la incertidumbre desde una conciencia íntima, corporal, de que se está en perpetuo desplazamiento y de hecho a la intemperie. ¿Qué significa estar «en otra parte siempre»? Frente a un mundo inhóspito, donde todos somos en cierto modo extraños, extranjeros, y la mujer lo es aún más por su añadida condición de «otro» en el discurso masculino dominante, la respuesta es el desdoblamiento que proporciona la escritura. La voz se escribe en el poema y escribe a su vez al propio yo.

El amor es inseparable de la escritura y del aliento que cobran las palabras en un papel en blanco: «Para que hable contigo dame un papel en blanco». El poema es cuerpo y como tal se abraza a otro cuerpo: «así cae este poema / en el papel dorado de tu carne», leemos en «Las hojas muertas», título que recuerda la célebre canción francesa de Jacques Prévert. La íntima unión entre amor y lenguaje (qué lenguaje construimos para el amor, qué amor construimos a partir del lenguaje) se subraya también, con una leve ironía, tierna y deliciosa, en «Epigrama»:

> *Guarda tus artes de varón para otras*
> *distancias más sutiles.*
> *Aquí al desnudo*
> *entre los dos prefiero*
> *la ausencia de retórica.*

El carácter de invención de la escritura se pone de manifiesto en «Poética». Si al empezar se dice «Yo sé que estoy aquí / para escribir mi vida», en la última estrofa queda patente que la verdad poética tiene que ver con la reelaboración de los recuerdos, con las modulaciones que introduce la escritura: «Sé que voy a contártela / y que será mentira».

«Se piangi, se ridi» responde a un imaginario similar al de «Casi un cuento», difícil de alcanzar en poesía, a pesar de su aparente sencillez: historias de amor que en boca de sus protagonistas no pretenden presentarse como tales, sino envueltas en una benévola ironía, en una afectuosa distancia que debería funcionar como señal de alerta para evitar el enamoramiento, su furor y sus devastaciones. En este razonamiento de los amantes hay «un verdadero error de cálculo: / esta suave tristeza insoportable / con la que no contábamos».

La atmósfera que planea encima de muchos poemas de *Contradicciones, pájaros* es la de la *chanson*, el cine y la literatura franceses, a veces de manera explícita como en «Las hojas muertas», las citas de Valéry y Flaubert o «Buenas noches, tristeza» (que remite directamente a la novela *Bonjour, tristesse* de Françoise Sagan) y a veces de modo implícito, ya que la mujer con un impermeable rojo de «Compañías» parece salida de una película francesa de los años sesenta.

La historia colectiva aparece tematizada en los últimos poemas del libro. En «Variaciones sobre Wordsworth y

Auden» se constata, aludiendo de algún modo a Walter Benjamin, el fracaso y la deriva de la esperanza en el progreso:

> *Las palabras más limpias que aprendí,*
> *amor y paz,*
> *yacen ensangrentadas cerrando los caminos.*

De las contradicciones se intenta huir «como los pájaros: / huir quedándose», según leemos en el poema que da título al volúmen. La devastadora conclusión de «El espejo de los espías» certifica el colapso de la historia colectiva, colapso que traspasa la intimidad y afecta al propio lenguaje, que se presenta como «un animal / herido».

En 2008 Ángeles Mora publica *Bajo la alfombra*, que empieza con el revelador poema «De poética y niebla». La insistencia de las poéticas, explícitas o implícitas, en la obra de la autora, indica la preocupación por el oficio, la reflexión sobre el complejo vínculo entre el lenguaje y la construcción de la emoción y del propio «yo», un «yo» que habita siempre una fértil incertidumbre. Estrechamente ligado a la meditación sobre el nomadismo y los espacios inestables de *Contradicciones, pájaros*, el texto que abre *Bajo la alfombra* es también una poética del «hueco», del lugar no-lugar donde se elabora la poesía, donde el sujeto está y no está y donde la única certeza es «la pregunta / que me arrastra al poema». La poesía no es algo que se encuentre en nuestro interior a la espera de ser descubierto, sino algo que late en un hueco por construir (por construir los dos, el hueco y el poema):

> *Aunque en las noches la busco,*
> *sé que no existe,*
> *que el hueco donde late,*
> *dentro de mí, no es mi refugio,*
> *ese hueco donde estoy y no estoy,*
> *donde está y no está*
> *–sin paz– la poesía,*
> *no existe,*
> *es sólo –siempre– la pregunta*
> *que me arrastra al poema.*

La relación entre escritura y erotismo, otra constante en la obra de Ángeles Mora, se manifiesta aquí en poemas como «Una carta» («Tu piel, el papel donde vivo»). No por casualidad la segunda sección del libro se titula «De poética erótica». Asoma también el vitalismo rotundo de los primeros libros enriquecido con el imaginario sensorial de los sabores, en «Saborear» o «El rincón del *Gourmet*».

Las sombras de Walter Benjamin y del ángel desolado de Klee que sobrevuelan *Contradicciones, pájaros* aparecen en «Silencios» y en el poema que da el título al libro. La poética imperante en *Bajo la alfombra* es la de las ruinas como inseparables de la intimidad. La contemplación de las ruinas físicas, de los «escombros», aparentemente distantes («Uno las mira con indiferencia, / su sola evocación es ya distancia»), lleva al descubrimiento de las ruinas alojadas en el propio interior:

La cicatriz está en la piel, pero también en el hueco, este hueco del que Ángeles habla en «De poética y niebla». Me atrevería a decir que en esta reivindicación del hueco, del intersticio, del «entre», la propuesta poética de Ángeles Mora se aproxima al pensamiento deconstructivista (para el que son centrales el «entre» y la superación de las oposición duales) de Jacques Derrida o Hélène Cixous. Además, como decía Valéry, la piel, lejos de ser un envoltorio superficial, es lo más profundo que tenemos. Aunque «la herida nos precede», escribe Chantal Maillard, el hueco no está de antemano, se construye en el poema, y tiene, como el cuerpo, una piel y, cómo no, una erótica. Por eso en el poema «Una carta» leemos: «Tu piel, el papel donde vivo». Abarca también el hueco las ruinas íntimas de la historia personal y colectiva, como leemos en el poema «Silencios»: «el silencio grita / y desnuda los cuerpos / destrozados. / Muy lejos, muy cerca, / innumerables hechos / suceden. / Hechos que soportamos / como si fueran inevitables, / igual que nos embiste la mentira. / Igual que una ventana filtra / sombras ajenas». El dolor ajeno se incorpora a la propia intimidad y se transforma en cicatriz.

Pero, ¿dónde viven las ruinas? En la piel, por mucho que nos empeñemos en esconderlas «bajo la alfombra», como en el poema homónimo del mismo libro. Las ruinas, territorios cicatriciales por excelencia, son las marcas de nuestras heridas, las cicatrices que intentamos esconder sin lograrlo demasiado, porque tienen la consistencia no sólo de la piel, también de la sombra. Ruinas de la historia y ruinas íntimas.

Las ruinas tienen un potencial corrosivo, funcionan a la vez como una piel agresiva (una piel además de serpiente, que se renueva siempre construyendo un cerco asfixiante) y una sombra que recuerda la oscuridad que nos habita y que irrumpe (como lo fantástico en Cortázar) en las situaciones más domésticas y cotidianas. El contexto de aparente normalidad vuelve más afilada y dolorosa su punzada:

> *Las ruinas son así. Son nuestra sombra*
> *a la hora de vivir, lavo los platos, escribo,*
> *leo un poco, oigo la radio*
> *y ellas están ahí, siempre acechando,*
> *polvo de los pasillos, compañeras.*

Al lado de la constatación de las ruinas, el goce sensorial y tierno del buen amor apacigua la vida: «Te miro y todo existe / con la dulzura de las uvas azules», escribe la poeta en «Con un solo juguete» homenajeando a Tess Gallagher.

Ficciones para una autobiografía es el último libro hasta la fecha de Ángeles Mora, publicado en 2015 y reconocido con el Premio de la Crítica y el Premio Nacional de Poesía. Desde el propio título, sencillamente magnífico, se avanza el núcleo de significación central: el yo poético femenino es el resultado de una construcción, de la relación entre las distintas «ficciones» que lo componen. «¿Quién anda aquí?» se pregunta la autora, tal vez con un guiño a Cortázar, en el poema homónimo. ¿Quién es el doble del yo, su sombra escurridiza? «¿Quién vive aquí conmigo, / pero sin mí, / igual que si una sombra me habitara, / de mujer a mujer / sin que pueda tocarla, / llenando de preguntas / mis largas noches sin respuesta?».

«Planchando las camisas del invierno» y «La soledad del ama de casa» perfilan un yo y una situación muy singulares en la poesía española contemporánea (y muy habituales en la vida cotidiana): la mujer y sus «tareas» (es decir, lo que el patriarcado considera tareas preferentemente cuando no exclusivamente femeninas) en el ámbito privado. En un espacio en apariencia apacible, este yo se encuentra «estirando las arrugas / del corazón» y contemplando «huecos tristes ante una misma», con la tierra enmudecida bajo sus pies y la sensación de fracaso instalada en el cuerpo. Forma parte de las «mujeres que callaron tanto tiempo», como leemos en «Sola no estás», y que en el mismo poema empiezan a escuchar las voces «que ya no se conforman».

También el amor, el buen amor, ocupa un lugar fundamental en *Ficciones para una autobiografía.* Se construye con «palabras nuestras», con su «música secreta» («Palabras nuestras») y cristaliza, en «Hoy es mi día», en la maravillosa ligereza del sentimiento desbocado:

> *El cuerpo no quiere pesar*
> *como no pesa la alegría.*

Y en «Cumpliendo años», poema que se puede relacionar tanto con «El aniversario» del poeta metafísico del XVII John Donne como con la «Canción de aniversario» de Jaime Gil de Biedma, encontramos «el vuelo cotidiano del amor» y hay una espléndida definición del tiempo compartido de la intimidad:

> *El tiempo somos tú y yo que caminamos juntos*
> *por esa línea frágil de la vida.*

Si en los libros anteriores de Ángeles Mora sonaban el jazz o las canciones italianas y francesas, aquí suena el bolero. Los amantes saben que abarcan la intemperie del mundo, pero en un abrazo gozoso que es a la vez una tregua frente a la fragilidad de los espacios.

El mundo está aquí, en el lugar donde «La luz devora más que el fuego» y «Un pensamiento puede tener la llave / para cambiar de sitio / la noche», escribe la autora en «*In the windmills of your mind (O el hilo de una historia)*».

En estrecha relación con la luz, encontramos en *Ficciones para una autobiografía* una meditación finísima sobre un tipo muy sutil de cicatriz: el hueco, lo que existe sólo en el «entre», el instante que oscila entre la fijación y el vuelo y aúna la simultaneidad de tiempos únicamente como posibilidad y añoranza de algo que no llegó a producirse. «El hueco de lo vivido» vincula el ámbito de una cicatriz íntima –el deseo de haber vivido un instante que se resistió a ser apresado en una fotografía– y el del agua, señalando así también los aspectos que ambos ámbitos comparten: la fluidez y lo escurridizo. El «instante de luz» que se quiso capturar ha sido absorbido por el Támesis. Lo más importante está fuera de la fotografía y produce la herida y su retorno incesante, siempre igual y siempre diferente, parecido al discurrir del río: «la verdadera foto ha quedado en el aire».

Lo que hiere es lo que no hay en la fotografía, lo que se ha quedado en el aire, incorpóreo y a la vez con una corporalidad muy definida en la memoria, una corporalidad al mismo tiempo aérea, acuática y epidérmica, inasible, fluida y adherida a la piel. Lo que hiere es el instante suspendido, cicatricial, el momento que se cuela en los intersticios de la vida recordando la *otra* luz además de la luz vivida:

> *No me duele esta foto con su luz,*
> *con su tarde brillando por mis ojos*
> *y los tuyos, me duele aquel instante eterno*
> *que no se fija ni se va,*
> *aquel momento nuestro para siempre:*
> *tú y yo, el río*
> *y sus aguas revueltas.*

La última sección del libro, «El cuarto de afuera» (en homenaje tal vez a *El cuarto de atrás* de Carmen Martín Gaite) se estructura alrededor de la infancia y el despliegue espacial, temporal y sentimental que produce la reinvención poética de la niñez. Aparece así la evocación de la niña que aprende en «Veranos» que el vértigo, el valor y el miedo son inseparables. También están, en «Adiós muchachos (*Aprendiendo a aprender*)» los compañeros de juegos que «en un mundo de fábula» aprenden las vidas ficticias, aprenden «a ser nadie».

En 1939, Walter Benjamin le envía una carta a Gretel Adorno, contándole un sueño que lo había dejado en un estado de felicidad absoluta. «Il s'agissait de changer en fichu une poésie», escribe Benjamin. Es decir, se trataba de convertir un poema en un pañuelo. «Fichu» en francés no significa sólo el sustantivo pañuelo, sino también el adjetivo condenado o roto. «Fichu» une (y así lo pone de manifiesto el ensayo de Derrida *Fichus*)[2] la ligereza, el vuelo del pañuelo, con la conciencia de la herida, de la fragilidad. Un poema es vuelo y herida. La poesía de Ángeles Mora posee las nada frecuentes cualidades de una cuidadísima construcción de la emoción y de una

---

2. París, Galilée, 2002.

muy sólida ligereza. La verdadera ligereza, una de las dimensiones destacadas por Calvino, es algo extremadamente difícil de conseguir, igual que la verdadera claridad, siempre compleja, elaborada y epidérmica. Tiene que ver con la corporalidad del vuelo, y es la marca de los auténticos poetas.

«Dentro de nosotros, en el lugar donde estamos más solos, hay unos poemas y una música cerca de una chimenea encendida que sólo se apagará con la muerte», escribe Joan Margarit en *Un mal poema ensucia el mundo. Ensayos sobre la poesía, 1988-2014*[3]. Los poemas de Ángeles Mora habitarán siempre este lugar y se transforman ellos mismos en un lugar irrenunciable, una habitación íntima y compartida.

Ioana Gruia

---

3. Barcelona, Arpa y Arfil Editores, 2016, p. 20.

NOTA

Algunas reflexiones de este prólogo han aparecido con anterioridad en mi artículo «Entre la aguja de marear y la maleta: la construcción de la identidad femenina en la poesía de Ángeles Mora», *Ínsula*, 737, 2008, pp. 6-8 y en el capítulo «Poética de las ruinas: Ángeles Mora» de mi libro *La cicatriz en la literatura europea contemporánea*, Sevilla, Renacimiento, 2015, pp. 102-121. Agradezco a la revista y a la editorial la autorización para reproducirlas.

LIBROS Y ANTOLOGÍAS DE ÁNGELES MORA[4]

Libros:

Pensando que el camino iba derecho, Granada, Genil, Excma. Diputación Provincial, 1982.

La canción del olvido, Granada, Genil, Excma. Diputación Provincial, 1985.

La guerra de los treinta años, Premio Nacional Rafael Alberti, Cádiz, Caja de Ahorros de Cádiz, 1990. Segunda edición Granada, I&CILe Ediciones, 2005.

La dama errante, Granada, Caja General de Ahorros y Monte de Piedad de Granada, 1990.

Caligrafía de ayer, Rute, Ánfora Nueva, 2000.

Contradicciones, pájaros, prólogo de Juan Carlos Rodríguez, XXII Premio Ciudad de Melilla, Madrid, Visor, 2001.

Bajo la alfombra, Madrid, Visor, 2008.

Ficciones para una autobiografía, Madrid, Bartleby Editores, 2015. Premio de la Crítica y Premio Nacional de Poesía.

---

4. Se citan únicamente los libros y las antologías, no las *plaquettes*.

Antología:

Antología poética (1982-1995), selección y prólogo de Luis Muñoz, Granada, Diputación Provincial de Granada, 1995.

¿Las mujeres son mágicas?, prólogo de Miguel Ángel García, Lucena, Ayuntamiento de Lucena, 2000.

Para Juan Carlos.

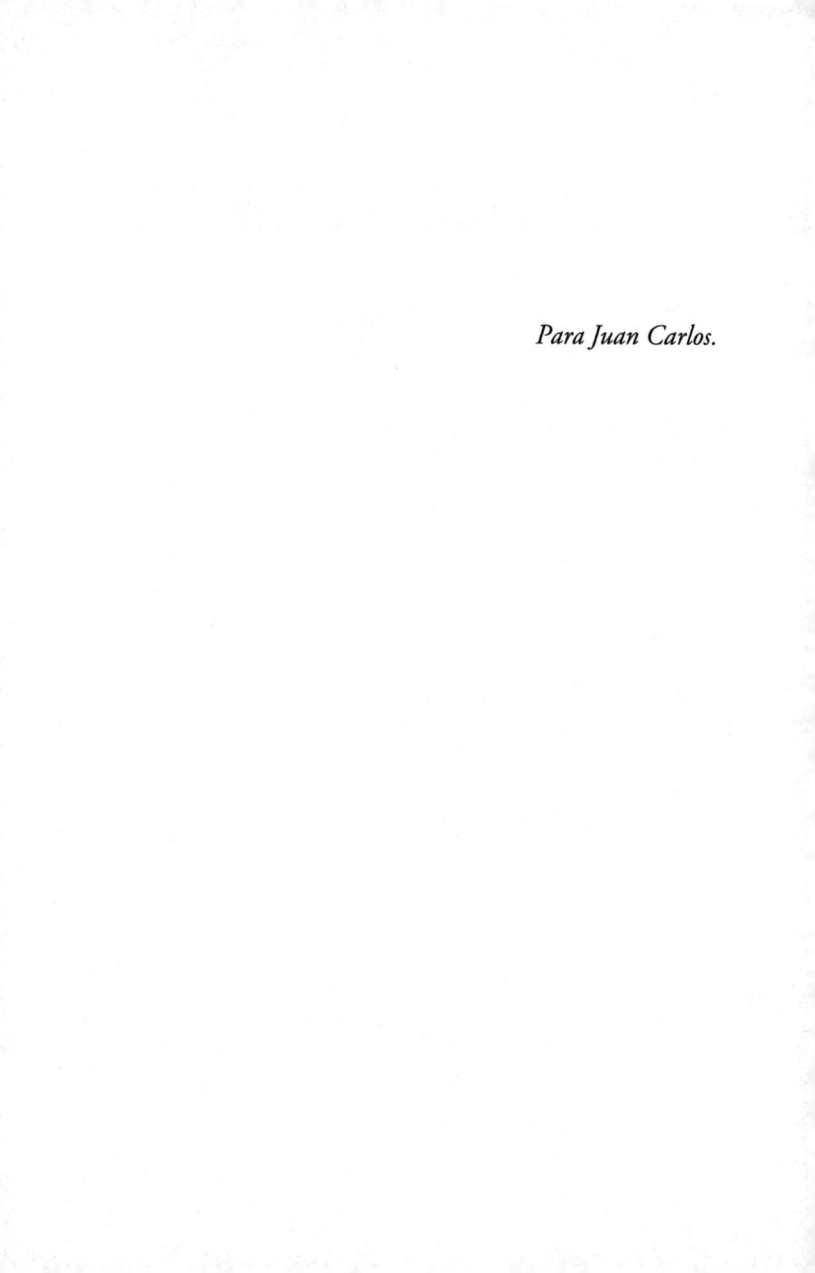

PENSANDO QUE EL CAMINO IBA DERECHO

(1982)

FUERZA SECRETA

Oh escondido panal.
Hay una fuerza oscura
que nos llama.
Descalzos días
donde la miel se hizo
poco a poco.
Luces doradas que las horas velan.

Oh morada escondida.
Fuerza secreta
que empujó nuestros pasos,
que nos arroja al fuego
para arder vivos siempre.

En la pequeña habitación
la derretida cera
destilaba perfumes,
besos, alas.

COUP DE FOUDRE

Demasiada la luz.
Punzante rosa.
Tu alma no resiste
el choque.

Demasiada la luz.
No ocultes nada.

Asómate al balcón.
De par en par
la dicha.

Ni un visillo velando
tu cintura.

LA AUSENCIA ES UNA FORMA DE ESTAR CIEGO
(Eros o Thanatos)

Dulces ondas,
el mar te adormecía,
mortal te daba su vestido
y su beso de espuma
te dejaba en la boca.

Lejos allá tu falda,
tu camisa en la arena,
y aquel negro foulard
salpicado de oro.

Igual que las caricias
de otra mano,
el agua te dolía
–lejos la extinta luz–,
el agua te quería,
te llevaba
a su lecho.

NO SÓLO CON LOS OJOS

No sólo con los ojos le veías.
Pudo su noche traspasar tus huesos,
ser fósforo encendido por la médula,
impregnarte, ocuparte como un río,
ponérsete de pie como las venas.

No sólo con los ojos le veías:
con la sangre, y la carne, y la palabra,
y con la luz que mueve el pensamiento,
y con la sinrazón, la paz, la angustia.

CLAUDICAR Y MURIENDO

A rastras se te acerca
y te lame las piernas,
perro fiel, con sus ojos de agua,
y te tiende las manos,
y te pide socorro.

Y tú le miras
como un sol que se cae
sin poder detenerse,
y le tiñes de rojo,
y el pecho le traspasas
con tus hojas de cobre.

A rastras se te acerca,
asomado a una lágrima,
y una luz criminal
le muerde en el silencio.

Malherido,
dando vueltas,
aullando se estremece.

Tú, miserable, le acaricias,
mientras tu corazón está muy lejos.

EL ÁNGEL

A Curro

Si alguna vez el ángel ha tocado tu cuerpo.
Si alguna vez sentiste como un rapto
el roce de su ala,
y se te derribaron una noche secreta
tablas y decorados.
Si huyó por la ventana y las sedas al aire
te dejó como vendas,
pues los ángeles huyen luego que con su beso
el sueño te alejaron.

Si alguna vez el ángel ha tocado tu cuerpo,
no intentes apartar la angustia de tus ojos.
Da gracias a las horas, pues la gloria compartes.

LAS PUERTAS CERRADAS DE LA NOCHE

El peso del día desploma
su sombra sobre el cuerpo
cuando las horas
se acumulan y bajan.

Todos tenemos en las noches
ojos en el espejo,
aguados ojos
reflejando
la muerte.

Todos tenemos
silencio en que caer
con el peso diario,
silencio en que encontrar
nuestros fantasmas tristes.

Todos hallamos en las noches
el plomo de las balas
perdidas,
sombras de luces pálidas
que suplantaron
los soles imposibles,
ecos de la vida
traicionada.

Todos hallamos en las sábanas
las cruces de las hojas tiernas.
Algo hay que gravita
en nuestro pecho,
que inmoviliza nuestros brazos
con cadenas.
Es el deseo roto
cayendo acribillado.

Es el deseo roto
derramando
las oscuras agujas
de sus párpados
sobre nuestro indefenso
corazón abierto.

LA CANCIÓN DEL OLVIDO

(1985)

[AQUEL TAN LUMINOSO, DELICADO...]

Aquel tan luminoso, delicado deseo,
que con ruines pisadas aplastamos,
hoy se levanta entre nosotros
como la muda lágrima de un niño.
Nos contempla encendido como un airado dios.

Y desnudo, soberbio en su hermosura
su llama inextinguible nos enseña.

Qué quieres que te diga...

CONTRA TI

                (y en elogio de L. F. de Moratín)

Y si tu fueras un hombre de bien
(que no lo eres)
vendrías a mezclarte conmigo en las afueras
de Argel o de Venecia
para besar *insieme il sacro piede*
e admirare le spaventose meraviglie
superbe della antichitá...
como cantar solían los poetas.
Pero no eres hombre de bien.
Oh, si lo fueras.

[TÚ, TU PRESENCIA...]

«Y la niña, todas las noches
quedándose a dormir por las afueras...».

R. del Valle-Inclán

Tú, tu presencia,
tu cuidado amoroso.
Tú por la historia, mis calles
de nube y cielo bajo
como
acercándolas a mí,
queriendo protegerme.

Tus años que yo podría llevar
al aire mío,
que hasta podría hacer pedazos.

Tú con tus años, amor,
tú por mis calles.
Y yo durmiendo siempre en las afueras.

OTRA EDUCACIÓN SENTIMENTAL

My way

Triste, qué soledad con esta música
como de ayer y tedio por la casa:
el niño judío, la niña errante,
que he nacido en España de donde soy.
Granada
        tierra ensangrentada
—Granada hacia donde voy—.
Coger
cuatro rayitos de sol
y hacer
con ellos una mujer.
Todo lo que aquel día empapaba la sed:
hueco de pan y aceite y sal y la miseria
con grillos y con perros gimiendo en madrugada
o allá en las sobremesas de sombra y de perlé
(luego venían las radionovelas
de Guillermo Sautier...)

Hoy pienso acaso una tristeza opaca
—perdonad que me excuse—
brutal como ninguna:
¿Qué hacer con esta lenta, larguísima evidencia
de invierno, cuando apenas
mis suspiros de España
fueron más que una herida —y su gangrena—
en lo que luego algunos llamaron nuestra infancia?

JAM SESSION

Al perseguidor de Cortázar
la historia más triste jamás contada
y a tanta soledad…

Que a mí me gusta el jazz
despacio en madrugada
–y a Charlie Parker
                 pájaro
de la amistad–.

Sé que voy a morir.
Por eso escucho al Bird
como te quiero a ti.
Que odias las escaleras
para subir.

EN UN PROFUNDO SUEÑO

A Ángela Olalla

No fue un príncipe azul,
aquél que un asombrado beso
deshojara
sobre la pura línea
de sus labios.

No fue un príncipe azul,
aquél que descubriera
su hermosura
bajo la eterna mirada
y la complicidad de los planetas.

No fue un príncipe azul.
Y ella por siempre esperará dormida.
Y nunca llegará un caballo blanco.

[DIME...]

> «Il pleure dans mon coeur
> comme il pleut sur la ville».
>
> VERLAINE

DIME,
¿quién te abandona hoy?

Persistente la lluvia se acompasa
con esa gota triste
que en el pecho
te empapa.

Tienes el alma llena de lluvia.

Y alguien ha dicho adiós.
Al aire
sucias verjas, fachadas
goteando.

Ya poco queda en pie:
casa del agua.

LA CHICA MÁS SUAVE

Perteneces –lo sabes– a esa raza estafada
que el dolor acaricia en los andenes.
Medio mundo de engaño conociste
y el resto fue mentira.
Has llegado hasta aquí
huyendo de mil días
que pasaron de largo.
Has llegado hasta aquí
para mostrar a todos tu inefable pirueta,
ridículo equilibrio,
ese nado a dos aguas,
piedra de escándalo,
ese triste espectáculo que ofreces,
esas gotas de miedo que salpican
tus insufribles lágrimas.
Aparta.

UNA LACRIMA SUL VISO

«oh innoble servidumbre de amar seres humanos
y la más innoble
que es amarse a sí mismo».

JAIME GIL DE BIEDMA

Una lágrima rueda en tu garganta.
Inútil es que engañes el camino.
Sabes que perderás, que estás perdida,
que el más viejo tributo estás pagando,
el amor a uno mismo.
Esta noche sabrás a desaliento,
olerás a perfumes olvidados,
sentirás cómo muerde el alacrán,
cómo se esconde en los rincones fríos
mientras las mariposas secretean
en torno a las farolas del ocaso.

Una lágrima rueda en tu garganta.
Inútil es que engañes al destino.
Sabes que estás desnuda, que tus pechos
delatan soledad y por tu espalda
un estremecimiento te sacude.

Ahora llorarás sin hacer ruido.
Alguien habrá querido acariciar
tus hombros, en el bar apilarán
las sillas, limpiarán los veladores.
Sabes que estás perdida y te levantas.
Nadie ha secado aún el rastro negro
de rimmel que se corre en tu mejilla.

SONETO DE TU NOMBRE

Quisiera que tu nombre pronunciara
todo lo que en la vida me rodea,
que lo diga la cal de la azotea,
que la ropa que escurre lo cantara.

Que la maceta, el sol, el agua clara,
el tejado, el jabón, la chimenea,
la sábana y el aire que la orea
y todo en torno a mí lo salpicara.

Quisiera que tu nombre fuera escrito
por el humo y la espuma, al mediodía,
poniendo en cada sílaba un exceso.

Y recibiera yo todo su peso
y la explosión de vida que me envía
con el mismo fervor con que hoy lo evito.

SATISFACCIONES
(con Brecht y contigo)

Tu voz.
El timbre de la puerta
cuando abres:
el ruido que me importa.
Y el silencio.
Ese sabio quemarse del cigarro.
La noche en tu ginebra
o sábanas revueltas
con tibia luz que apagas,
casi de gas. Tu olor.
El sueño dulce
de labios como agua.
Cantar.
Tus manos fuertes
como cerrar los ojos:
reír
(hoy jueves 3 de marzo, muy tarde…)
Acariciarte.

UNA SONRISA EN MEDIO

Lo dicen mis amigos:
el amor me transforma.
Una sonrisa me delata.

Era triste aquel frío,
y aún es muy triste
lo que escribo.

Deja que este poema sea suave,
que se relaje, amor,
como mis labios.

Deja que alumbre el sol
en medio de este libro.

SIMPATÍA PARA EL DIABLO

> «Aquí,
> los tuyos piensan mucho en tu peinado».
>
> César Vallejo

Imaginando
que un tren habrá llegado a su destino
—ese tren que te acerca—,
que en el andén, sobresaltados,
tus ojos se espabilan,
el reloj se impacienta.

O así me lo imagino:
que un taxi llega siempre al amor mío
—cada hora te acerca—,
que tus besos encuentran el balcón,
mi vestido te anuncia,
el corazón se alerta.

Quiero decir, sabiendo
que cruzaste la calle,
que el ascensor te reconoce

–y el giro de la llave–,
que los zapatos te abandonan,
que tu camisa ha visto
el último botón de mi camisa.

Y dando por supuesto
que en la alfombra se aplasta un cigarrillo
sobre una quemadura irreparable…

Mira que eres desastre.

LA CALLE EN QUE TÚ VIVES

No hago nada desde que te vi.
Los libros siguen abiertos donde estaban.
Los cuadernos en blanco.
El reloj mudo.
El almanaque, ay,
se detuvo en un día…

No hago nada desde que te vi.

Pero mis pasos aprendieron
el camino de tu casa.

HUÉSPED ETERNO DEL ABRIL FLORIDO

> «Con aquel aroma de verbena que –ella decía– era el único que podía percibir por encima del olor de los caballos».
>
> W. Faulkner

Y una noche llegué a esta habitación
–tu madriguera
o tu cubil de lobo–.
Huésped dulce, yo supe
que puedes ser sencillo como un niño.
Y lo que es más
que aún el amor resulta inesperado
como una tibia cama ya deshecha.
Tan envolvente
como todo desorden o ternura.

Tu alcoba, amor,
ese olor a verbena
que desde aquella noche me persigue.

CASABLANCA

As time goes by...

Entre todos los bares de este mundo
he venido a este bar para encontrarte,
furtiva como siempre,
para rozar la piel de tus esquinas.

Y cómo me hace daño tu cansancio
—ya sabes que mañana es cada lunes—
esa vieja, tristísima, memoria
de buscarle sentido a algo que bulle
como se abre una flor,
así, de golpe.

Manías de la ausencia y tus nostalgias.
Te noto tan cansado...
Quiero dormir contigo: Busca sólo
un poco más de sueño y de tabaco.
Quiero morir contigo.

¿Por qué no me apalabras un cumpleaños más?
Las arrugas ahí sí que son cosas serias
o el paso de los días,
con mis pechos que bajan a acariciar tus manos.
Y luego cuando un labio nos elude
en la piel de las ingles, ay, no muerdas,
y nos brinca por dentro…

                      Pero ahora llega el tren
como un viejo caballo del National,
qué diestro en los obstáculos,
qué sucia su taberna,
qué oscuro mediodía al despedirte.
Te veo tan delgado
con tus causas perdidas,
tus canas en la llama de la copa,
mi amargo luchador,
sonriendo lentamente, como si te murieras.

Como al decirme adiós.

LA GUERRA DE LOS TREINTA AÑOS

(1990)

LOS DESASTRES DE LA GUERRA

«Por el valle de la muerte…».
TENNYSON

Nunca se sabe
pero hoy llevo piernas de plomo
como un ejército cansado
y silbo entre la gente mi locura
sin guerra y sin espada,
sin moral de combate.
Apenas recordando que tuve un corazón
de hierro para el frío.

Dicen que no se está de vuelta
jamás en esta lucha,
pero mis pasos torpes por la acera
sólo buscan adónde derrumbarse.
Que lo más cruel no es este
caminar derrotado
sino el desierto,
el valle en que murieron los seiscientos…

Queríamos amar, amor, amarnos
cuando aún era posible acariciarte
y soñar otra historia.
Pero hoy llevo de plomo casi el alma
como un ejército burlado.
A ras de tierra mi falda, tu camisa,
mojados gorriones
queriendo alzar el vuelo,
ignorar las razones de este marzo,
como saber que aquí, de madrugada,
no hay autobús posible ni teléfono.
A ras de tierra el rostro del engaño.

Y es que la vida, amor,
como la muerte,
hoy ya sólo es un truco.
Y para mí que hasta es un truco el mago.

SIMPLEMENTE JAZZ

«Taberna y otros lugares».
Roque Dalton

A veces abro un sueño para buscarte dentro.
Al parecer soy débil y cuelgo en la memoria
aromas de retama.
Es cierto que sería más sensato,
tal vez, correr hasta tu piso
tocar
      en el fondo del bolso nuestra llave
–igual que un talismán–.

No es seguro encontrarte, pero brillaba el oro
en medio de esta asfixia, un antiguo deseo.
Y aunque nunca se debe dar tregua al enemigo
nos crecerán collares en los brazos,
nuevas armas de amor, horizontes de lucha,
de lluvia y de claqué por las tabernas cálidas.

Por eso duele ahora toda esta media voz,
tantas esquinas rotas donde ya no me esperas,

lugares estratégicos un día
cuando a corazonadas tomamos la ciudad
–cachorros erizados que escupieran al frío–.

Por eso duele ahora sobre todo la duda
sobre todo el temblor de la luz esta tarde
mientras cazo adjetivos que nunca nos definen,
como las golondrinas rozando las aceras…

Quién sabe si le debo una vida a la muerte
o simplemente al jazz.

[BUSCÁBAMOS TAL VEZ ALGUNA...]

> «Juntas estáis en la memoria mía...».
> GARCILASO

Buscábamos tal vez alguna excusa
para salir sin fin, a corazón abierto
y respirar un aire de los dos conocido.
Eran las noches largas, sin dormir
y las dulces farolas tiritaban
en el amanecer.
Aún guardabas aquel resplandor tibio
debajo de la trenka,
cruzando la ciudad como una estrella el cielo
(un gato al verte formuló un deseo).
Era el amanecer apenas vivo.
Tú desaparecías algo antes que la luna,
cuando el alba creciendo goteaba en los mapas.
Eran las noches altas del amor
y el futuro temblaba en nuestros labios,
de pronto presentido... Eran las noches largas.
Al fondo una mañana desnuda se tendía.

AIMEZ-VOUS BRAHMS?

Ya no se trata de esperar milagros,
aunque Brahms arrebate el corazón
de la belleza
              –nunca dos fueron uno–.
Se trata sólo de compartir los bordes
de la vida al caer.
              O acaso sólo
de respirar unidos esta noche,
secretos y amarillos como
inasibles armónicos rasgando
el aire interminable de las sombras.
Mas no nos engañemos con una danza húngara
aunque suenen sus ecos desatados.
                        Ya sabes,
conocemos los sótanos del sueño,
el exacto lugar donde partimos.
Ya no se trata de esperar milagros,

sólo de que mis ojos también rozan tu espalda,
que tocan fondo cuando bajan
la engañosa pendiente de tus ojos.
       Y sin embargo
cuánto calor no se perdió en el frío
de aquella habitación que me dejó sin ti...
        allá en la lluvia
de una noche cerrada sobre el velo de un parque.

Ya sé que nada es tan definitivo
como la vida
–y no es cuestión de olvido–.
Se trata de llevar ese ritmo contrario
que fuerza a los violines
hasta perder el miedo,
hasta llorar el mundo que acecha en otra parte.
Ya no se trata de ser los dos en uno,
sino uno en dos,
    en mil.
Que el pasado no existe, amor,
aunque busque tal vez nuestra memoria
para trepar por ella y enrocarme agotada.

La vida es sólo transformar la vida.
Porque todo es más viejo, todo,
pero todo es más nuevo, todo,
a la luz indomable de la historia.

[PONERSE LA BUFANDA...]

«Una noche en el estudio des Ursulines».
Luis Buñuel

A Marian

Ponerse la bufanda
buscarte en el pasillo
llevar chaqueta azul
y botones de plata
y libros mustios
después de tantas manos
llevar chaqueta azul
y las uñas pintadas
y aquel rubor pasado ya de moda
esconder la novela en el pupitre
ponerse la bufanda
buscarte por las calles
entre furtivas sombras
gabardinas
besos agazapados
apagar el pick-up
atreverse...
apalabrar zapatos

ay de medio tacón
romper escaparates
por un sueño
descomponer los timbres
buscarte
        –y en la luna–
comprar castañas
después de todo
perder la línea
y el autobús
qué otro remedio
ponerse la bufanda…

YO FEMINISTA, EN UN CONCIERTO

A Teresa Gómez

Cuadros para una exposición de Mussorgsky
juego de cartas de Stravinsky
(intermedio de las mil y una noches de Strauss)
que hoy puedo ya oír la música en vaqueros
dice mi amiga –digo– que a fin de todo y cuentas
las mujeres no existen sino como
dudosamente obscenas o amorales
–pero tan temblorosas por el frío–.

(Aunque, niño, por verte
la punta del pie
si tú me dejaras
veríamos a ver…).

Salvo que allí soñada y en la fila
de al lado, con Mussorgsky
trucándole las cartas a Stravinsky,

cómo decir a voces que te quiero:
si nadie habla en voz alta
en un concierto.

CAMBIANDO UN POCO LOS PRONOMBRES

Porque sé que tú eres sobre todo la noche,
sobre todo tus dedos que se mueren en mí,
sobre todo este beso, la huella de mis labios,
el brillo de tus piernas y las mías,
el silencio que canta en estas cuatro
paredes de mi vida…

Porque sé que tú eres de pronto la mañana,
mis dedos que se mueren sólo en ti,
sobre todo este beso, la huellas de tus labios,
el brillo de mis piernas y las tuyas,
el silencio que canta en estas cuatro
paredes de tu vida…

A MI BUEN AMIGO, QUE SE FUE A LA PLAYA, DEJÁNDOME EN ESTE DESIERTO, CALCINADA

> «… que tanto gozar
> no es de las cosas que pueden durar».
>
> Boscán

Con estas palabras
y otros como éstas me consuelo
–no es cosa de empeñarse
en el empeño–.
Busco a Boscán.
Pago el exceso
aprendiendo a templar…
Tú sabrás de eso,
si supiste alcanzar
la mar a tiempo.
Pero no te reprocho.
Sigamos al poeta –qué remedio–.
Antes que tú y que yo
compuso el gesto:
Forzado es echar agua a tanto fuego.

AGUJA DE NAVEGAR AMORES

> «Vai fermosa, e nâo segura...».
> CAMÔES

Para Cristina

Y si quieres navegar
coge, niña, la aguja
de marear.

Si no quieres que te hieran
olas que siempre se van
—que van a reírse luego
los delfines al pasar—.
Si no quieres ver ardiendo
tus ojos con tanta sal.
Para que no se haga añicos
tu barquilla en la alta mar.
Para que no te aficiones
cada noche a naufragar.

Coge, niña, la aguja
de marear.

LA CHICA DE LA MALETA

Esta fría mañana tan cerca de diciembre
no tomé el desayuno, no he leído el periódico,
no me metí en la ducha después de la gimnasia
(esta oscura mañana no quise hacer gimnasia),
no subí la persiana para asomarme al cielo
ni he mirado en la agenda las promesas del día.
Esta dura mañana con su duro castigo
he roto algunas cosas que mucho me quisieron
y salvé algunas otras porque duele mirarlas.
Me estoy haciendo daño esta mañana fría,
quisiera destruirme sin salir de la cama
o encontrar la manera de dormir un momento.

Cuando menos lo esperas, suele decir la gente,
la sorpresa aparece con sus dientes de anís.
Cuando menos lo esperas, si te fijas un poco,
verás que el aire lleva gaviotas y mensajes…
mas ya no van conmigo esos viejos asuntos.

El aire arrastra lluvias y tristezas heridas
y yo no quiero verlo cruzar como un bandido
tan guapo y tan azules sus ojos venenosos.

Esta fría mañana tan cerca de diciembre
cuando rozan los árboles de puntillas las nubes
junto a tanta miseria, tan helada ternura,

yo dejo mi impotencia, mi personal naufragio
entre estos blancos pliegues olvidado…
Aunque mi cuerpo caiga doblemente desnudo
en ese traje roto que luego es un poema.
Aunque otro sueño baje su luz por la almohada
y ya no te despierte mi voz en el jardín.

EL TERCER HOMBRE

Para Juan Carlos

No digo nada nuevo tampoco en esta noche.
La soledad gotea al final de la calle
(siempre oscilan las sombras más abajo
casi como otro hombre… el tercer hombre
¿te acuerdas de Viena y Orson Welles?)
¡Oh llama de amor viva!
Algunas madrugadas
yo le ofrezco mi vaso de ron pálido
ella sube a mi cuarto.

No digo nada nuevo:
tantas veces se acuesta con nosotros.
A quién no le ha atrapado el miedo
de un beso que se esconde en la almohada!
Tiene dientes suaves que aprietan sin descanso
y sus dedos tan finos
hurgan en los secretos más ocultos.

La Europa de posguerra,
la pimpinela esquiva
>   ni siquiera escarlata
que salta todavía en el bolsillo
del pijama si miro aquellas páginas
donde duermen los días de brujas y noctámbulos.

Quién no sabe encontrarla.
Consigue acurrucarse como un gato,
no deja de temblar, nos atenaza
su escandaloso espanto,
agonía infinita: ese búho
de fijos anteojos, viejo topo.
Así fuimos bajando desde el amor,
nosotros, sus amigos,
antiguos guerrilleros, resistentes
que aprendimos con ella a deslumbrarnos
cuando fue tan hermosa como un sol plateado
con los labios pintados y promesas de fuego.

Y sin embargo luego fue cambiando de pátina,
desmintiéndose, rota
(Alida Valli acaso entre los tilos
>   desiertos...).

Así se nos pegó una vieja ternura,
una piel de París entre los labios
–otra sombra de Viena–
tanto ingenuo fervor.
Con el gesto aterido, el velo de los ojos,
los pómulos vacíos.

Así, sin darnos cuenta, se fue enfriando el mundo,
aquel nido de luz donde la carne un día
arrojaba sus anclas y sus sueños,
y así se nos volvió del todo insoportable,
cuando ya uno no puede soportarse a sí mismo
y ella viene con voz de aguardiente en los labios
morados a ponerse delante y recordarnos
tanta malaventura.

No digo nada nuevo, dormimos ya tan poco,
como fragmentos
de alguna luna pálida
vamos
hacia una fiesta de disfraces,
de brumas en la Viena
que no soñé con valses
de Strauss.

          O acaso a tu diciembre,
blanca calle que sangra, herida que se abre,
y tristes nos citamos en las alcantarillas
rabiando de nostalgia,
nosotros,
viajeros derrotados,
esperando otra voz que nos arranque
de estos brazos helados de los sótanos.

Gente que con canciones amamos la tristeza
con esa queja larga que llueve por las noches,
con ese sueño amargo, amor, de Libertad.

LA DAMA ERRANTE

(1990)

PORMENORES

Una lluvia menuda
no puede detenernos.
Paseamos despacio
mirando escaparates
donde todo se ofrece
porque todo está en venta.
Tú dices que mis ojos
te los han regalado.
Y reímos de pronto
debajo de los árboles.

CASI UN CUENTO

Él susurró que lo mejor sería
no enamorarse,
ella no le llevó la contraria,
para qué si se sabía vencida.
Ante todo se dejó acariciar
por sus manos manchadas de ternura.
Eso sí,
        no se enamoró de sus manos.
Más tarde no impidió que sus labios
muy lentos la abrasaran,
pero tuvo cuidado,
no se enamoró de sus labios,
y aunque tampoco se opuso a que su lengua
la hiriera sin remedio,
no se enamoró de su lengua
ni de sus ojos ni de su voz
ni de la palidez que le subía a la cara
entre los besos,

esa palidez que a ella más y más la arañaba
Pero tuvo cuidado y no se enamoró.
Para qué si se sabía vencida.
Una y otra vez volvieron a encontrarse.
Sin amor.
Eso sí,
        felices como niños.

SUEÑOS DE SEDUCTOR

Me gusta cómo enciendes el cigarro,
el gesto inimitable de tus dedos
y acaso un algo desvalido
que al andar se resbala de tus hombros.
Lo sé, sé que estoy presa de tus sueños.
Por eso si te empeñas seré rubia y azul
y buena como un ángel.
Por eso seré mala si te empeñas,
oh diabólica nieve usurpada a la luna.
Me rendiré, no temas,
seductor entrañable cada noche,
mientras que a mí te acerques
inventando estrategias
y sigas encendiendo cigarrillos.

DE LA VIRTUD DEL AVE SOLITARIA

Aunque quiso ocultarlo,
ella vino a quedarse.
Sin billete de vuelta
y hasta sin equipaje.

Lo supe en sus ojeras,
su pelo desteñido.
Me miró solamente.
Sin hablar me lo dijo.

Ella vino a quedarse.
Ahora vive conmigo.

CONOCIMIENTO DE LAS RUINAS

> «Waterloo, supongo».
> Virginia Woolf

He mirado las ruinas como si fuera un día
para vivir sin ti.
A lo lejos,
retazos de la sal, duermen escombros,
signos apenas de basura.
Es triste ir a las ruinas.
Uno las mira con indiferencia,
su sola evocación es ya distancia.
Hay gradas y paseos de aguas muertas,
a veces yacen flores
solitarias, tendidas,
como una mano espera quien la abrigue.
Es malo acompañarse
con derrotas insomnes que ahora vuelven,
que acaso suponías trasnochadas:
sucias fotografías y su pátina,
vagamente cubiertas por el té de la tarde…

Fechas que son rumor, sólo el murmullo
de lo que se ha acabado para siempre.
Duele mirar las ruinas, pues de pronto,
si te fijas despacio, te sorprenden.
Las ruinas son de aquí:
se me parecen.

GASTOS FIJOS

Estuve haciendo cuentas
pues no sé hacer milagros
ni esas cosas que dicen
sabemos las mujeres.

Y ahora que estás lejos me pregunto
si acaso vivir sola
no me cuesta más caro.

ELEGÍA Y POSTAL

No es fácil cambiar de casa,
de costumbres, de amigos,
de lunes, de balcón.
Pequeños ritos que nos fueron
haciendo como somos, nuestra vieja
taberna, cerveza
para dos.
Hay cosas que no arrastra el equipaje:
el cielo que levanta una persiana,
el olor a tabaco de un deseo,
los caminos trillados de nuestro corazón.
No es fácil deshacer las maletas un día
en otra lluvia,
cambiar sin más de luna,
de niebla, de periódico, de voces,
de ascensor.
Y salir a una calle que nunca has presentido,
con otros gorriones que ya

no te preguntan, otros gatos
que no saben tu nombre, otros besos
que no te ven venir.
No, no es fácil cambiar ahora de llaves.

Y mucho menos fácil,
ya sabes,
cambiar de amor.

ENTREACTO

Cuando la vida se pone cuesta arriba
y me asomo al balcón casi pensando
que me llama el abismo
y veo a tanta gente minúscula
pasar por las aceras,
cada uno en una dirección,
deprisa,
como hormigas desconcertadas,
me pregunto si acaso con los ojos
no habré aplastado un hormiguero…

Entretanto, se me enfrió el impulso
sin remedio.
Entonces miro al cielo
por ver si puede ser que débilmente
asome entre nublados la esperanza,
que me da menos vértigo.

NOCHES Y DÍAS

«En las lomas de las colinas del Adigio
aprendí los días y las noches».

Thomas Bernhard

I

Recuerda que los días dejaron su equipaje
en nuestra casa,
su piel en nuestra piel.
Recuerda que no en balde miramos con sus ojos,
templamos nuestro paso a su dictado
incierto, cumplimos su promesa
con la nuestra y su misterio
se alargó entre los dos.

Recuerda que también se llevarían
su equívoco pañuelo entre los dedos,
que arrastraron heridas,
papeles, libros, besos,
nuestras horas dormidas en su pelo.

Recuerda que su voz es nuestra voz
y por ella llegamos hasta aquí,
felices, indecisos,
con esta primavera.
Que no dieron jamás facilidades
pues ignoran esas grandes palabras
para llenar la boca.
Que nada nos pidieron
y nada les pedimos.

Vinieron, eso sí, llamando fuerte,
con todo el corazón en los nudillos,
como la vida anuncia su presencia.
Con la misma pasión los recibimos.

CALIGRAFÍA DE AYER

(2000)

FOTOGRAFÍA CON PÁTINA (II)
(Una cierta niñez)

PERO si miro esta fotografía de ayer,
si me paro en los ojos,
comprendo
que los niños tampoco son tan niños,
que tienen mucha historia pasada,
mucho lento futuro,
que también se despeñan,
porque el presente es una piedra,
una piedra que duele,
que quema, que nos manda a otra parte,
que también se oscurecen
por el peso de tanta incertidumbre.

Si al menos ellos,
si miraran, tocaran el juguete tan sólo.
Pero fijaros
cómo ven más allá,
cómo están más hambrientos,

cómo no cesan de acariciar
algo distante.
Como si se asomaran
a estos ojos –sus ojos o los míos–
entre mudas preguntas insufribles:
¿qué has hecho con tu vida?
por ejemplo.

MESTER DE JUGLARÍA

A Conce, maestra de vida

Cuando te conocí
debías de tener los años que ahora tengo
y una luz propia
que no logró apagar el tiempo.
Tu casa era la casa de todos
los mosqueteros.
Tú eras nuestra
Dama en aquel oculto reino.
Todos para uno y uno para todos
dimos el corazón a nuestros sueños.
Aquellos fueron años duros
que sólo la esperanza hizo ligeros.
Una esperanza que llevaba
tu nombre contagioso en nuestro pecho.

Antes de ti
el mundo estaba lejos,
tú lo hiciste cercano, manejable
como una charla alrededor del fuego.

EN EL ÁLBUM DE IRENE

Irene es una princesa
que tiene la sangre roja
y que cuando se le antoja
pone boquita de fresa.
Irene es una princesa
de rabo de lagartija
con cintura de sortija
y vuelo de colibrí.
Rendirá su espada, sí,
el príncipe que ella elija.

CUBO NAÏF DE CURRO

A Salva y Alejandro

Un Pavo en una granja con una MariPosa
Siete Pajaros. tres nubes una casa
dos plantados de Rosas
Hierba, dios diciEndo Ser buenos
trigos tres Son
El Sol SonRRiendo, contento y Luciendose
cada vez Mas, La MariPosa boLAndo
Muy contentos todos los seres con el Sol
todos los dias, Es temprano
La nocHe Acaba de terminar.
Son Las ocHo. FIN
ES REgAlo de
                Francisco de Asís

SUMMERTIME

Compañera del río.
Vecina de la higuera.
Equilibrista en el árbol
que acerca las orillas.
Amiga de la arena
y del mosquito.
De la zarzamora.
Visitante en el huerto prohibido,
con la venia del sol
y del durazno.
Exploradora en el cañaveral.
Desaliñada, ay,
tú, luminosa.

CONTRADICCIONES, PÁJAROS

(2001)

EL INFIERNO ESTÁ EN MÍ

> «Pasos de un peregrino son errante».
> GÓNGORA

El infierno no son aquellos otros
que siempre se quedaron lejos
de mi calor:
el infierno soy yo.
Mi nombre es el desierto donde vivo.
Mi destierro, el que me procuré.
No me he reconocido en este mundo
inhóspito,
tan ancho y tan ajeno.
Supe que mi equipaje, demasiado indeciso,
pronto me delataba: este mundo tampoco
se reconoce en mí.
Yo siempre estuve fuera,
en otra parte siempre.
Soy una extraña aquí.
Sólo tengo una fuerza, sólo un secreto acaso:
esta voz que me escribe,

el doble que me habita en el silencio,
Este otro, mi infierno,
el vértigo
que al despertar me empuja
a una huida sin fin.

Estos son sólo pasos
de un peregrino errante.
Los caminos
que no me pertenecen,
las palabras prestadas que los días
dejaron en mi oído.

PARA HABLAR CONTIGO (II)

Para que hable contigo dame un papel en blanco.
Ante su desnudez quisiera
descifrar sus secretos como si conversáramos.
Lo mismo que en la noche surge la intimidad
en la página pueden aparecer estrellas,
signos que nos invitan a explorar su espesura,
que es el vivir…
                Saber medir la vida
al ritmo de un poema es necesario a veces,
y otras pasar de largo,
igual que pasa el río entre las dos orillas
o dos árboles crecen al lado sin tocarse.
Quizá al vivir llamamos vida sólo
cuando una rama roza a la otra rama:
tus dedos arañando
la palabra que hiere este papel.

CANTOS DE SIRENAS

> «Qué vasto y dulce el aire».
> Jorge Guillén

Aún repicaba el cielo en los cristales,
la lluvia goteaba seductora,
más seductora que tus ojos no vistos,
enredada en sus pestañas húmedas.
Yo creía sentir en cada golpe
tu palabra, tu voz en cada verso
oscuro atravesado en mi garganta.
Me engañaba detrás de los cristales…
Tan sólo deseaba
que el fuego de tus labios empañase
con mi aliento el resplandor
de los tejados.
Mas siempre hablé conmigo.
Aunque busqué –y besé– tus labios fríos
en aquella ventana donde
mintió la noche tanto tiempo
–*oh luna, cuánto abril*–
llamándome.

LAS HOJAS MUERTAS

Igual que me sostiene
la tibia sensación de estar cayendo
por la ladera dulce del otoño
de mi vida, y acaricio
despacio –como vuelan las hojas–
mi cuerpo que ya lleva
el olor de la tarde,
así cae este poema
en el papel dorado de tu carne
y así –voluptuosa–
su letra breve te acompaña.

POÉTICA

Yo sé que estoy aquí
para escribir mi vida.
Que vine poco a poco
hasta esta silla.

Y no quiero engañarme.

Sé que voy a contártela
y que será mentira:
Sobre la mesa sucia
una gota de tinta.

SE PIANGI, SE RIDI

Te diré que no supe si reír o llorar
después de todo
pero estaba feliz,
demasiado feliz, sospecho ahora.
Recuerdo que me hablaste
de que empezaba a amanecer,
el cielo parecía algodón sucio.
Lo más inolvidable será siempre
el aire fresco y dulce que crecía,
igual que una caricia, entre dos luces.
                              Yo estaba sola
y tú quisiste ser mi amigo:
que esto no rompa la amistad, dijimos.

Pero fue hermoso más que un sueño,
mucho más inquietante que un puente entre la bruma
y aquel coche sin duda más maravilloso
que un bosque de la Alhambra

y tu corazón más hondo y más extenso
que el manto de la aurora
cuando llorando me asomé al balcón
de tus ojos.

Por eso ahora que escuece la distancia
como ella sola y el deseo –cruel–
asoma sus rizados bucles rubios
cada minuto
–con el peligro que eso entraña
para una sencilla amistad–
ahora no puedo menos que aceptar
lo que fue un verdadero error de cálculo:
esta suave tristeza insoportable
con la que no contábamos.

BUENAS NOCHES, TRISTEZA

La vida siempre acaba mal.
Siempre promete más de lo que da
y no devuelve
               nunca el furor,
el entusiasmo que pusimos
al apostar por ella.
Es como si cobrase en oro fino
la calderilla que te ofrece
y sus deudas pendientes
–hoy por hoy–
pueden llenar mi corazón de plomo.

No sé por qué agradezco todavía
el beso frío de la calle
esta noche de invierno,
mientras que me reclaman,
parpadeando,
sus ojos como luces de algún puerto.

Por qué espero el calor que se fue tantas veces,
el deseo
por encima de todas las heridas.

Pero acaso me calma una tibia tristeza
que ya no me apetece combatir.

Todo sucede lejos o se apaga
como los pasos que no doy.

La vida siempre acaba mal.
Y bien mirado:
¿puede terminar bien lo que termina?

COMPAÑÍAS

Los libros que he elegido entre todos los libros,
que acaso me buscaron por rutas misteriosas.
Libros que me llevaron en secreto
por senderos del bosque, por rincones perdidos,
calles, encrucijadas, luces
                        y sombras, vidas
arrojándome al mundo.

Las manos que me toman, que yo tomo entre todas
las posibles corrientes sobre el río.
Entre todas las lluvias que he cruzado,
unos brazos tendidos, al fondo de mis pasos,
como un impermeable rojo
puede unirme al olvido.

Los labios que me besan, los besos que me hablan.
Una voz entre todas las voces a mi oído.
Una ciudad tan sólo, una sola mirada.
Y los campos, de plumas,
y de amor, las batallas.

ESPACIOS

Qué quedó en mí
de aquella niña de ojos grandes
y sueños infinitos,
flequillo
y trenzas melancólicas.

Qué queda
de mi corazón desbocado,
intrépido y herido.

Yo sé que soy la misma
y sin embargo
que estoy lejos, muy lejos
de aquel manojo
de ilusiones y fuegos
escondidos.

Sólo cuestión de espacios:
Yo sé que soy la misma,
pero dónde estoy.

PRIMEROS VUELOS

> «… sin otra luz y guía…».
> S. Juan de la Cruz

No supo lo que hacía
pero se abandonó a sus dedos
como si ya no fueran
suyos.

      Rara la tarde,
la cama tibia, el velo
mojado de la siesta…

Nunca sabe una niña
por qué, de pronto,
la besa el camisón,
se erizan los botones
de sus senos,
            por qué,
de pronto, la acarician
las sábanas y el vello dulce
empieza a despertar

como si ya no fuera
suyo.

STONY BROOK (2)

> «When the Robins come».
> EMILY DICKINSON

El día siete
se deslizó despacio entre las ramas,
bajó por la escalera
y vino a verme.
Yo estaba todavía escondida en las sábanas
de mi cuarto del sótano
pero él me despertó.
Sin pensarlo salimos al jardín.

Los pájaros callaron medio mudos
al vernos, aunque pronto
volvieron a gritar al día siete.
Sentí una rara unión
caminando a su lado
—creo que ya en mi sueño
lo esperé desde anoche—.

El bosque quedó quieto,
sólo las hojas secas nos hablaban
y un petirrojo desgarró de pronto
la luz de la mañana.

Subimos la colina.
Yo sabía a su lado
que al caminar seguíamos
las huellas de un poema.
Juntos llegamos hasta arriba.
Vimos el mar lejano.

El día siete entonces,
abriéndose como una tentación,
sólo para mis ojos desplegó
los secretos tesoros de esta isla.

EPIGRAMA

Guarda tus artes de varón para otras
distancias más sutiles.
Aquí al desnudo
entre los dos prefiero
la ausencia de retórica.

MI AMIGA Y YO

Como en las buenas amistades
el encuentro primero
fue perfecto, casi un presagio.
Toda una sucesión de afinidades
electivas se alzaron
entre las dos de pronto.
Algo nos dijo que estaríamos
para siempre de acuerdo.

Con el roce nos fuimos conociendo.
Algunos altibajos
no fueron decisivos. Siempre
volvimos
a levantar el ánimo.
Fue fácil. Es fácil
entendernos.
Algo distinto ocurre
—y también algo viejo—
cada vez
que ella y yo nos hablamos.

CASA DE CITAS

Durante algunos años
padecí «mal de citas».
Mis poemas
iban acompañados de ilustres firmas
(casi siempre varones:
ellos son más famosos
y saben fatigar las librerías).
Pero también me dejé acompañar
por altas escritoras
con las que dialogaron mis versos.

Mínimos homenajes,
pensaba yo,
pura mitomanía.

Hoy, al recordármelo
alguien, me hace dudar:

¿Complejos de mujer?
¿Deudas del corazón?
¿Pura literatura?

O más sencillamente:
no borrar nuestras huellas.

MATERIA OSCURA

La vida crece aquí,
sin ir más lejos,
en mi ventana.
Bajo el aire y el sol
y la lluvia
crece la vida como crezco yo,
hundiendo sus raíces en la tierra.
Esta flor no lo sabe.
Yo no lo sé.
Pero las raíces se adentran,
avanzan en el cielo sin estrellas.
La misma fuerza oscura
que me arrojó a la luz
me mueve y me sujeta, giro
como la luna,
como las hojas que se estiran
en la noche,
como mi madre muerta.

Igual que un animal
entre las sombras.
No soy más que esta ráfaga de viento,
que esta polilla ciega.
No soy más que tus ojos:
luz negra.

EL PORVENIR TARDA DEMASIADO

Durante mucho tiempo
he esperado con la impaciencia
con que miran hacia la izquierda
los pasajeros
en la parada del autobús.

CONTRADICCIONES, PÁJAROS

Las verdades son la única verdad,
esas pequeñas huellas
de nuestra historia.
Si las verdades dijeran la verdad
mentirían.

Aunque las verdades
también mienten con su verdad:
la contradicción,
ese nido de pájaros crujiendo.

Las contradicciones parecen insufribles
en nuestro mundo.
Pero uno intenta
huir de ellas
          como los pájaros:
huir quedándose.

VARIACIONES SOBRE WORDSWORTH Y AUDEN

Todas las cosas que me han sido familiares,
esperanza y dolor, ternura y odio,
las leyes que regían nuestros nombres,
no me conocen ya ni las conozco.

Las palabras más limpias que aprendí,
amor y paz,
yacen ensangrentadas cerrando los caminos.
Los discursos más vivos, más honestos
han caído manchados y arrastrados
por los suelos.
Ninguna palabra sobrevivió
a nuestra historia.

Y en un río que pudre hasta los mares,
cínicos y homogéneos nadamos
y guardamos la ropa.

EL ESPEJO DE LOS ESPÍAS

Estamos al fin hechos
a imagen cierta y semejanza vana
de esta violencia que se ha llamado vida.
Que cada día
nos arrastra de nuevo
para llevarnos siempre
al mismo sitio.

Así el lenguaje
acaba también siendo un animal
herido, un topo que no zapa,
mudo,
helado espejo de sus espías.

BAJO LA ALFOMBRA

(2008)

DE POÉTICA Y NIEBLA

Aunque en las noches la busco,
sé que no existe,
que el hueco donde late,
dentro de mí, no es mi refugio,
ese hueco donde estoy y no estoy,
donde está y no está
–sin paz– la poesía,
no existe,
es sólo –siempre– la pregunta
que me arrastra al poema.

El poema es lo que tengo:
a veces –lo sabemos de sobra– es dócil
como un cachorro que nos sigue
adonde vamos. Otras, es el cabo
de las tormentas,
indómito, intratable,
golpeando la niebla de mi pecho.

Paciente en cierto modo,
desciendo a la colmena de la ciudad dormida:
soy la abeja
atrapada en la celda
por el hilo
de su boca obsesiva.
Haciendo me deshago.

El poema es veneno
que bebo en mis labios.
¿Del fondo de qué abismo
asoman las palabras,
pegajosas de vida,
o de muerte?

En la sombra devano la madeja
que he llamado mi historia,
sílabas desnudas como miradas
que me corroen
o me alimentan.

El poema no es un juego,
no es un jeroglífico.
Pero hay que darle la vuelta

a las palabras, saber
que viven entrelíneas,
que se muerden la lengua
para decirnos:
en lo que callan
me hablan.

Escribir es niebla.
Para mí quiero
todas las palabras.
Cuando escribo me escriben.
En su tela me enredo.

FEELING/CANCIÓN
(O la posibilidad de decir)

A Miguel Ángel García

Cuántas veces el sonido de la lluvia
fue escribiendo mis canciones
como se oye crecer la hierba en el invierno.
Aunque sé que no importan mis canciones,
lo que importa es el agua
mojando la tierra,
haciéndola despertar.
                        Me despierta
la lluvia en el tejado
taladrando mi espalda,
mi cerebro, mis párpados, mis dedos.
Como la tierra
atrapo ahora esa música
para que diga cosas,
para que lo que canta me cuente
sus secretos,
los que llevo por dentro.

Ya los perros ladraron a la luna,
se abren los cerrojos, amanece
en su condena este mundo de siervos.

Cuántas veces el ritmo de las sílabas
grita lo que la lengua calla:
sé que el sonido de los versos
ilumina la oscura corriente
de sentidos que arrastran las palabras,
huellas que se bifurcan en una imagen,
en una idea dormida.

Por eso escribo canciones que no importan
y me hacen falta.
Si la poesía es lluvia
—y nos empapa— que su música diga
lo que ya sabe el cuerpo.

Si la música calla ¿cómo nos guardaremos
de la muerte?
                Me despiertan
los versos que gotean
desde el tejado, atraviesan
el silencio

susurran en mi oído
con la incansable voz baja
de los héroes cotidianos.

Nada es la vida,
suelen rezar los dueños de la vida.
Pero canta la lluvia
y llueven las canciones
que dicen el revés de las cosas
–y las nombran.

NO HAY MAR QUE NO CONTENGA UN CIELO

Siempre me esperas,
palpitante en el blanco
de la página,
invisible,
como si allí no hubiese nadie.
Es inútil.
Yo sé que no estoy sola.

Te busco
en la oscura inquietud
de estas aguas revueltas.
En el falso fulgor
que me ofrecen.
En el provocativo
perfil con que me miran
transparentes
las olas.

Y es que siempre te ocultas
en medio de palabras.
Yo no te invento: estás.
Y por eso penetro,
impaciente,
en el lienzo desnudo del poema,
sin saber hasta dónde
esta noche
me llevarán tus brazos.

UNA CARTA

Te escribo como si te amara,
igual que si mis manos
buscaran el tacto
de las tuyas.
Para sentir tu piel
lejana
te escribo.

Tus dedos en mis dedos
pulsan mi sangre,
notan un corazón desnudo
en tu boca mis labios.
Sé que mi saliva
sabe más de ti que yo misma.
Mi sangre y mi saliva
dicen tu piel.

Tu piel, el papel donde vivo,
frágil como tu carne
pero dúctil y tenso
y escabroso
como la línea quebrada
que dibujo
en el camino de tus venas.

Te escribo para pasar la mano
sobre tu pelo,
y seguir, y seguir
y embadurnarte todo
con la roja tinta de mis dedos
y volver a empezar.

Te escribo…

SABOREAR

Tu nombre se me enciende
en la boca
igual que parpadean
las estrellas.
Mi paladar
saborea sus luces
y la mezcla de letras
dice lo que no sé decir:
ese bocado
que siempre sabe nuevo.
Saboreo
tu nombre, cristal líquido
que escribe mi deseo.

EL RINCÓN DEL GOURMET

Una pizca de sal,
un poco de vinagre
balsámico,
un toque alegre
de pimienta.
El tacto
cuenta y el color
anima.

Basta un guiño
agridulce,
una roja
granada
desgranándose
sobre el verde
lecho de la vida.

No olvides
el dorado aceite
que todo lo liga y despierta
las buenas sensaciones,
oscuras,
luminosas.

Apaga la ventana,
amor,
cierra la luz.
Abre la boca.

SILENCIOS

Saber a veces es también una culpa,
duele como una culpa.
Y la imaginación nos juega
malas pasadas:
el silencio grita
y desnuda los cuerpos
destrozados.

Muy lejos, muy cerca,
innombrables hechos
suceden.
Hechos que soportamos
como si fueran inevitables,
igual que nos embiste la mentira.
Igual que una ventana filtra
sombras ajenas.

Por eso enciendo la luz,
escribo un poema, sufro
el tiempo
pasa y lo he perdido.

                ¿Qué hago aquí?

MIRA TAMBIÉN LA NOCHE

> «Y corren tiempos oscuros».
> BERTOLT BRECHT

Un día más
para poder mezclarnos
de nuevo en la batalla de la vida.
Sin rendirnos siquiera a la evidencia
de este desierto
que a plena luz responde por nosotros.

Sin esperar milagros extendí mi cintura
al fondo de tus pasos para un largo viaje,
sabiendo que la tierra nada tiene previsto.

Los caminos terminan
y otros caminos nacen.
Crucemos puertas,
tengamos hambre, sed.
Ríos turbios se acercan, mares.

Siempre tu mano supo deshacer
el lazo más tenaz de mi tristeza.
Frente a tu cada muerte y mi cansancio,
frente a la destrucción de tantos sueños,
inventemos de nuevo las palabras,
otras palabras nuestras,
borrosas como el día que despierta,
inciertas
como cada alegría y su derrota.
Palabras
para decir ahora, que pronuncien mañana.

Ya no hay campos de honor que laven las ofensas,
sólo la infamia riega los campos de la muerte,
la sal sobre la nieve.

Vuelan a ras de tierra los pájaros y el alma
y la sombra aparece como un manto violeta
en tus ojos brillantes.
En ellos aprendí el arte de otra guerra:
guerra de resistencia,
de distancias.

Hemos vivido mucho y comprendido mucho.
Y aunque la historia finja pisar como un zapato
que ignorara sus suelas, ¿nadie escucha su ruido?
Sin esperar milagros, ligeros de equipaje,
pues perdimos los trenes y los años,
sólo un rumor lejano nos acerca
hasta el lugar sin nombre que llamamos futuro.

Con luz de ayer
hoy guiñan las estrellas.
En los tiempos oscuros
habla
de los tiempos oscuros.

Ese es el desafío:
mira también la noche
cara a cara.

CUANDO LA MUERTE TIENE UN ROSTRO AMIGO

Yo no quise adentrarme
en este barrio dulce
que lo agregó a su vida.
Fue cosa del azar,
el lazarillo
de mi día cansado.
Así he llegado aquí,
ciega,
y casi me parece
una profanación
respirar la luz,
beber el aire,
pisar el rastro
de su ausencia.

EL FUTURO

El futuro está aquí.
Yo ya lo tengo,
le quité la camisa,
el pantalón,
sé sus secretos
y se me acercan tanto
que ya no los distingo
de los míos.

Esta mañana que es hoy,
me esconde sus sorpresas,
sin embargo,
día a día:
cuando ya no lo espero.

CON UN SOLO JUGUETE

> «Blue Grapes».
> Tess Gallagher

Es un mecano.
Verde y rojo.
Y yo construyo grúas
y barcos
y camiones
y una jirafa que mira
por encima de la noche las estrellas
como uvas azules.

No sé qué fue de él.
Pero sigo jugando,
construyendo
la vida a tu lado.
Te miro y todo existe
con la dulzura de las uvas azules.
Son tus ojos ahora
los que brillan
cuando me asomo al mundo.

FRONTERAS

> «Oh Señores del Límite, que trabajáis
> con luz y oscuridad».
>
> W. H. Auden

No quise trazar fronteras,
piedras que cierran caminos
para no ir.
Mas caminos, fronteras
y piedras
me han herido.
¿Habré aprendido al menos
la intransigencia con que se alza
la palabra frontera
cerca de mí?

Busqué el sentido de las cosas,
su nombre más exacto
en los labios.
Pero ni las razones ni los años
dan el nombre exacto de las cosas.
¿Y qué me importan los nombres que se secan
como desiertos áridos?

Quiero
palabras de mi cuerpo
que olvidado, aprendido,
apretado en torno a mis huesos
he tratado de guardar adentro.

Quiero sólo
palabras de mi cuerpo
en la memoria.

Pero no puedo.

CAMINOS DE VUELTA

V<small>IVIR</small>
tiene un rumor de fondo
sordo como el silencio.
Me oigo vivir y espero
la tempestad, el barco,
furias que rompan
sobre esta lluvia fina.

Se abre el día
y las olas se abren
y nosotros pasamos
sin que se note,
lloviendo
por dentro,
con las manos vacías
y en los ojos la luz
que acompaña
el camino de vuelta.

La vuelta es el comienzo.
Lo callamos.
La piel se va nublando
como el cielo.
Pero las venas saben
azulear el paso de la sangre.

Ríos que van a la mar,
que no acostumbra a morir,
sigilosos, cansados,
pero sin fin.
        Vivir
tiene ese rumor de fondo:
los caminos de vuelta
no vuelven.
        Siempre comienzan.

SABER DE TI

> «Frío cristal, cómo te introduces
> entre yo misma y yo».
>
> Sylvia Plath

La soledad llega un día
y sabe a ti,
es algo tuyo ya,
como el sonido de tu voz
que sólo tú oyes desde dentro
y nunca nadie más conoce
cómo suena tu voz en ti,
cómo sabe tu soledad.

La soledad viene poco a poco
pero de pronto un día abre la puerta
y es como si la estuvieras esperando
desde siempre.
Entonces se convierte en tu doble,
se viste con tu ropa,
tiene tu rostro,
ama como tú misma
la luna en la ventana del verano,

mira con tus ojos
el espejo del alba,
mastica el dolor o el amor
en tus labios.

Pudo pasar de largo desgranando
nuevos olvidos y reclamos de ti,
pero llega
para quedarse un día.
Se amolda a tu sonrisa triste.
Te deja su amargura
o su dulzor inconfundible
—sólo cosa tuya—.

La reconoces,
la estabas esperando.
Es tu soledad, sabe a ti,
sabe de ti.
En el agua de tus ojos
se baña.

BAJO LA ALFOMBRA

Las ruinas se pasean por debajo
del techo. Son las moscas,
están como en su casa.
Se escabullen también bajo la alfombra,
si quieres esconderlas.
Sin duda son molestas pero uno
acaba acostumbrándose. Con ellas
es difícil vivir, pero, ay, sin ellas
cómo reconocerse en el espejo,
pensar el cielo azul detrás de las ojeras,
el suelo de las horas que amanecen,
el vaho en los cristales,
la soledad, el paseo,
la mancha que me anegó la falda.
Las ruinas son así. Son nuestra sombra
a la hora de vivir, lavo los platos,
escribo, leo un poco, oigo la radio
y ellas están ahí, siempre acechando,

polvo de los pasillos, compañeras.
Por más que lo intentemos no hay manera
de poder prescindir de nuestras ruinas.
Como la piel se adhieren y caen
y se renuevan, te persiguen,
ojos de gato, pasos blandos de gato
con uñas escondidas.

No hay manera de esquivar su arañazo.
Decirles buenas noches, simplemente,
y tratar de dormir hasta mañana.

LUZ QUE NO LLEGA
(Variaciones de jazz para Naima)

> «Naima».
> JOHN COLTRANE

A Naima, por su tercer aniversario

I

Es un rumor creciendo el porvenir.
Tus ojos lo presienten
turbio, impetuoso
y más tu corazón que estrena ritmos
de jazz puro,
de saxo sostenido y un lejano
lamento de trompeta.
Tus pies llevan el paso sin querer,
puntea el contrabajo,
el baile no se acaba.
El tiempo espera eterno,
rasgándose en un túnel
más claro para ti.

Ojalá no se nuble,
nunca oscurezca,
cuando ya seas más alta
que todos los dragones que te acechan.
Ojalá abran un río poderoso,
tuyo, las letras de tu nombre.
Ese nombre más fuerte que esta tierra baldía.

FICCIONES
PARA UNA AUTOBIOGRAFÍA

(2015)

A DESTIEMPO

Nací una noche vieja
del frío de diciembre.
Nervios, carreras en la casa,
vapor de agua caliente,
prisas, lágrimas, gritos,
susurros y pañales.
Las luces de aquel cuarto
se fueron apagando con mi llanto
mientras crecía
el bullir de la gente por las calles.
Calma adentro y afuera algarabía,
recordaba mi madre como un sueño.

En aquel desajuste
—todo un presagio—
he vivido por siempre.
Fuera del mundo yo,

aquella habitación, aquellos brazos,
aquella cuna.

Llegué muy tarde al año que se iba
y el que venía me encontró dormida.

¿QUIÉN ANDA AQUÍ?

¿Quién anda aquí?
¿Quién va y viene sin ruido entre mis cosas,
penetra con sigilo
de noche en mis papeles
usurpando sus notas?
¿Quién vierte la tinta
que me roba el sueño?

A veces una ráfaga suya pasa
como un fulgor felino,
una estrella fugaz
perdiéndose en lo negro...
Pero sé que se mueve suave,
que se lleva lo mismo que me deja
y con la luz del sol
desaparece.

¿Quién vive aquí conmigo,
pero sin mí,
igual que si una sombra me habitara,
de mujer a mujer
sin que pueda tocarla,
llenando de preguntas
mis largas noches sin respuesta?

PLANCHANDO LAS CAMISAS
DEL INVIERNO

A Concha García

Cuando la primavera dio su tercer aviso,
ya en junio.
Cuando los días se volvieron
definitivamente azules
y la luz dulce se expandió
interminable
como las margaritas del jardín,
salpicando en el césped las manchas
amarillas y blancas de su vestido limpio.

Cuando la primavera vino para quedarse
y la sierra se desnudó a lo lejos,
                            ella
estaba en el salón, abierta la ventana,
respirando cierta tristeza,
como quien gana y pierde al mismo tiempo,
viendo brillar la tarde, al paso de los años,
antes de que el verano nos aplaste,

suavemente estirando las arrugas
del corazón,
planchando las camisas del invierno.

NOCHE Y DÍA

Se apaga el día mientras llega
la noche lenta
de la que no quiero salir…
Prolongarla
hasta que me cierre los ojos
es un encargo irresistible
de mi temperamento sosegado.
Quizá me niego a que la vida pase
o llegue la mañana y sus mandatos.

La casa es un desorden rendido,
en la cocina duermen
los platos, cacerolas desmadejadas.
En cambio libros por leer me llaman,
vivos, desde la mesa,
folios en blanco.
Quiero tan sólo que el reloj se olvide.
Recuerdo las cuartillas

donde mi padre escribía cartas
por las noches, mi madre
las firmaba también, dejando
un instante botones y zurcidos
o el ganchillo de las veladas mustias.

Nunca quise hacer ganchillo,
prefería leer el periódico
o escribir garabatos a la luz de la lámpara.
Aprendí a amar lo quieto, ser dueña de mis noches.

Los hombres no barrían la casa,
mi hermano entraba poco en la cocina,
yo hacía la mayonesa
o limpiaba el polvo para ayudar:
de día.

LA SOLEDAD DEL AMA DE CASA

Quedarse sola es un camino que conoces.
O una situación.
Igual que un cuarto oscuro de castigo
para expiar las faltas de una niña
intrépida
que no aprende a templarse.
Rotos en la tarde, cándidos juegos
que hay que pagar:
coronar el tejado de las monjas
tapándole los ojos al peligro.

Como esa mancha que no sale del vestido,
la culpa se aloja en la conciencia
—se aprende—
tu cerebro la arrastra
sin que lo notes,
hasta que aparece contigo
en otro cuarto oscuro
de soledad enemiga.

Suele ocurrir en la caída arisca de la tarde,
cuando el tejado de las monjas
es el crepúsculo por el que te deslizas
mientras se hace de noche
sin haber recogido.
Huecos tristes ante una misma,
estirando la ropa que no planchas
o tapando las camas que no haces,
muda, como si ninguna voz
te creciera en el pecho.

Quedarse a solas, en blanco,
no tener memoria de lo que perdimos,
sólo olvido en la carne,
inexplicable.
Y tu elocuencia rota,
lloviéndote por dentro.

Para quedarse en blanco,
ser nadie,
no importa estar o no acompañada,
sentir los ojos que te aman o los que te odian,
pero saber que bajo tus pies
enmudece la tierra
sí es definitivo.

Y sin embargo
se te abren en la boca
las palabras que nunca pronunciaste,
listas para caer
justo hacia el otro lado del silencio.

SOLA NO ESTÁS

A Juana Castro

No es cuestión de palabras,
es un rumor de fondo
queriendo aparecer.
Se entrecruzan las voces
como peces revueltos
dentro del pecho. Duelen,
hacen daño.

Fuera cantan los pájaros
y tú cierras los ojos.
Engaña la quietud del momento.
Pero a ti no te ciega
esta postal de vida retirada.
Sola no estás, el pensamiento
no deja de latir, da golpes, bulle,
igual que si la tierra se moviera.

Tú eres la tierra que se mueve,
que tiembla con el fuego de otra música.
No estás sola.
El río de la historia sobreviene.
Un murmullo se acerca.

Has de saber qué dicen esas voces
que ya no se conforman,
mujeres que callaron tanto tiempo,
razones que traen luz:
para nunca estar solas.

EMBOSCADAS

A Carmen Canet

Cuando llegó el príncipe azul
era tan azul, tan azul
que caía sobre mi rojo
apagándolo.

Qué peligrosa tinta
me trajo en sus pupilas.

No conviene mezclar en la colada
ropas que puedan desteñir, me dije.

Antes de despedirlo
tuvimos que lavarnos
por separado.

CONSONANCIAS CONMIGO EN ASONANTE

I
DÁNDOME PIE

La poesía no mata, pero encuentra
la punta de su flecha.
Por eso en esta plena
tarde, cuando aún me queman,
tus palabras ruedan
como se deshilacha un collar de perlas
falsas. Recogerlas –aunque duelan–
es mi tragedia
de chica sentimental de clase media.

En el blanco que soy se clava mi poema.

LUGARES DE ESCRITURA

A Teresa Gómez

Las palabras se buscan
o te encuentran.
Se entretejen
–siempre distintas–
donde menos lo esperas
para alcanzar migajas
de realidad, a veces
un suculento almuerzo.

Mientras lavo los platos,
como pájaros,
nuevos versos me rondan,
entre el jabón y el agua,
exigiendo cobijo, letra escrita
(que luego borraré seguramente
para empezar de nuevo).

También revolotean
aves y versos

en lugares más clásicos,
como el mar en verano, las noches
de insomnio,
el tren, el autobús
o el recuerdo importuno,
mas bellísimo acaso,
de algo que no ocurrió tal vez como creemos
o el tiempo a su manera ya deshizo,
pero aguarda el trazado de las líneas
para ser otro,
cobrar sentido en un papel cualquiera.

Escribir es un vicio que nunca se detiene.

INVIERNO

A Elena Palumbo-Mosca

En la oquedad del árbol
dos pájaros okupas
se acurrucan
y resguardan del frío.
El bulevar blanquea
entre ramas desnudas
y el cielo anuncia nieve.
La mañana se detuvo un momento.
Se me helaron las manos,
pero no la sonrisa,
el hueco del amor.

SED

A Luis García Montero

IGUAL que una emoción
te embarga y te deslumbra
y sólo un leve resplandor
de su luz consigues
que contagie,

así la vida
te guarda su secreto
día a día,
apenas entreabriendo
los postigos
de su cámara oculta:

destello lento de inquietud
que nos quema
sin consumirse nunca.

Agua en los labios.

HOY ES MI DÍA

«This is Just to Say».
William Carlos Williams

A Paula Dvorakova

Salí a la calle y dije:
hoy es mi día.
El sol es un pozo de fuego,
nubes ligeras
me acompañan.
El cuerpo no quiere pesar
como no pesa la alegría.

El aire deja en mis labios
el azul de tus besos.

Miro a la gente
que no me mira,
cruzo el puente y nadie
se detiene. Yo paso
feliz
(te siento).
La vida es como un río.
Y me lleva.

PALABRAS NUESTRAS

Como un murmullo,
un sonido indeciso y creciente,
igual que el bisbiseo de la luz avanza, a gatas,
entre los árboles sin hojas del invierno,
se acercan lentamente,
palabras nuestras, pálidas,
pues vienen de la noche.

Como el crujir de unos zapatos
hundiéndose en la arena
han de llegar abriendo
un día la mañana.

Crecen en las laderas oscuras de tus sueños,
entre las sombras de mis calles perdidas,
tras las esquinas
donde la gente desespera
de otro tiempo posible.

Crecen bajo la cara oculta de la luna,
detrás de las estrellas,
en los suburbios
ensimismados.
Germinan bajo tierra
donde la historia, poco a poco,
esparce sus semillas.

La tarde arroja en los caminos
melancolía.
        Y ellas florecen
allá donde se pierde el horizonte,
abandonando sombras,
abriéndose en cascadas
repetidas, cristales de la noche,
con esa música secreta
que esconden
los nombres del mañana.

CUMPLIENDO AÑOS

Señalé el día en el calendario
sólo por resaltar en rojo
las fechas que nos unen.
Aunque lo que nos une
es una línea fina que se alarga
hacia el pasado y el futuro
con principio y sin fin
que vislumbremos.
Y el calendario va colgando sus días
como las cuentas de un collar en el hilo del tiempo.
El tiempo somos tú y yo que caminamos juntos
por esa línea frágil de la vida.
En el amor el tiempo se escribe en compañía,
y el collar va creciendo cada noche
como la hiedra enreda la pared de una casa.

Señalé el día en el calendario,
aunque sabemos

que la felicidad a lo largo
no necesita fechas.
Lo que importa es la viva sensación
de compartir,
ese fuego llenando el corazón.

No, no hace falta resaltar las fechas
cuando dos viven juntos
el vuelo cotidiano del amor.
Pero brindemos, sin embargo,
cada año por el día del comienzo,
la noche que aún deslumbra.

AFÁN

> «Amor y poesía, cada día».
> J.R.J.

La poesía, como el amor,
se escribe cada día.
No basta el poema de ayer
y el amor no descansa.

Algo nos queda siempre sin decir
bajo los versos,
flotando entre los brazos
y los ojos del poema.
Igual que una piel,
al despegarse de otra piel,
desde la plenitud de dos
cae en la soledad
que renueva el deseo.

Por eso, como la noche
inevitablemente
despierta en la mañana,
siempre vuelvo a escribir poemas,
vuelvo siempre a perderme en ti.

UNA FORMA DE VIDA

> «Tú me acostumbraste».
> Frank Domínguez

No estaba escrito
mas tú me acostumbraste
a esta guarida azul, que es una nave
que va desordenada y viva
atravesando las corrientes
marinas sin seguir ninguna,
a tu aire extravagante y solo,
lobo de mar,
ojos de agua.

No estaba escrito
pero aprendí a vivir en el desorden
de las letras, los libros como cuerpos
que me miran, las páginas manchadas
a diario, la tinta cruel
que atraviesa el cristal de la mañana limpia.

No estaba escrito el mar revuelto
de mi vida pequeña entre las olas
deslavazadas de la tuya,
pensamientos, imágenes,
obsesiones
rompiéndose en las noches
duras como el diamante.

Y sin embargo, tú me acostumbraste
a esta forma de vida,
a esta casa viajera que nos arrastra
sin movernos hasta el vertiginoso,
raro aliento del ser y la existencia,
las primeras, las últimas preguntas.

No estaba escrito,
hubo que rehacer palabras,
los renglones torcidos,
posar en los estantes el vuelo de las hojas,
contagiar gestos,
empañarnos
como cristales
con el vapor del corazón.

No estaba escrito
pero abrazamos la intemperie
peculiar
del peregrino que ya somos,
que todo lo acapara, lo lleva encima,
que no se queda quieto
ni va a ninguna parte
porque el mundo está aquí.

IN THE WINDMILLS OF YOUR MIND
O el hilo de una historia

Fue el primer día.
Llamé a la puerta equivocada.
Pulsé el timbre una vez y otra, impaciente,
y tú abriste a mi espalda.
Sabías que era yo quien apretaba en vano
el timbre del vecino.
Me dijiste «es aquí»
y sonreías burlón.

Me volví avergonzada.
Parecías un diablo divertido
ante la puerta de su infierno.
Tropecé con tus ojos
y me precipité al vacío.
Aún me enciende el futuro
aquella puerta abierta,
aquella rendija
por la que Alicia atravesó el espejo
y yo alcancé otro tiempo.

La luz devora más que el fuego.
Hay una claridad
que no está a la vista, que gira
como un molino de viento en la cabeza.
Un pensamiento puede tener la llave
para cambiar de sitio
la noche.

En aquel mundo extraño, al otro lado del mundo,
supe de ti y de mí como no se anunciaba
en mi destino.
Pero existe un destino que sólo se conquista.
Un espacio de sueño y desafío
para escribir lo nuevo.
Aquel mundo distinto que en ti ardía
estalló en mi conciencia
como definitivo.
Me trajo el argumento
para urdir la novela de una vida.

En aquel laberinto de luces de tu mente,
fui la invitada que se quedó a cenar.

EL HUECO DE LO VIVIDO

«El río, "la calle más larga de Londres"».
ANNE PERRY

Y tras decir adiós despedimos la tarde.
Desde entonces un río
arrastra para siempre entre sus aguas turbias
aquel trozo de vida que quisimos guardar
en una imagen quieta.

Una foto pretende ser testigo del pasado,
de una tarde fugaz,
de un instante de luz.
No es lo que más me importa:
la verdadera foto ha quedado en el aire.
La imagen que más hiere
está pasando siempre, otra y la misma,
repitiéndose en mí,
igual que el Támesis escribe sin cesar
el corazón de Londres.

He vuelto del viaje y sin embargo
no regresé del todo,
algo me dejé atrás y algo me traje
que no entró en la maleta.

No me duele esta foto con su luz,
con su tarde brillando por mis ojos
y los tuyos, me duele aquel instante eterno
que no se fija ni se va,
aquel momento nuestro para siempre:
tú y yo, el río
y sus aguas revueltas.
El tiempo
corriendo con el día entrenublado
y el leve azul del norte.

EL AYER

El ayer que me hizo
no sé dónde está.
El que me deshizo, sí:
está aquí, conmigo,
presente todos los días.

TÁNTALO O EL MAÑANA

A Milena Rodríguez y José Carlos Rosales

Siempre incierto el mañana nos espera,
nos llama desde su misterio,
nos incita a embarcar, no deja
que nos quedemos en la orilla.
A veces he llegado a un puerto generoso
y he pensado atracar.
Pero de nuevo
algo desconocido
me enciende su llama lejana.
Sé que está ahí y es para mí.
Una y otra vez lo persigo
y lo que encuentro no es el final.

MÁS ALLÁ DE LA MUERTE

«Polvo enamorado».
QUEVEDO

A Lourdes Oriol Rodríguez

El polen esparcido por la abeja
tiene misión de vida.
Yo sé que al apagarte
prendiste en otros cuerpos
fulgores de tu propia llama,
como un insecto dulce
que en el cáliz
de una flor
abriéndose
se posara dejando
un resplandor de luz enamorada.

PRESENCIA DEL TIEMPO

«Entre espinas crepúsculos pisando».
GÓNGORA

A Ioana Gruia

Es el patio de un viejo molino que se abre
tras una puerta oscura y carcomida.
Es un patio cerrado que hace años olvidó
el trasiego diario,
el olor del aceite, los muchos ruidos.
Es el patio de un viejo molino cansado.

Entré en él
como llevada de una mano irresistible
y esperé entre sus hierbas,
con un extraño peso, contemplando
esta vida que oculta respira
y me sorprende con el brillo
de un joven limonero solitario.

Quedé atrapada en este dulce patio
y en medio del silencio permanezco

mientras una lejana algarabía,
imperceptible casi,
                se me acerca:
aquella algarabía sigilosa creciendo
bajo el olor de los capachos prensados
que los niños —ladrones—
deprisa arrastrábamos,
caída ya la tarde,
entre las frías sombras de enero.
Materia
para prender hogueras,
jugar con fuego
en la mágica noche de la Candelaria.

Pero abro los ojos
para arrancarlos de su vértigo,
porque hoy he entrado en este hueco de ausencias,
en este viejo patio sobre el patio de ayer
de mi vida,
y ya no sé por qué es tan dulce el sol
sobre ese joven limonero,
si ahora su luz gastada
se inclina hacia la noche
sin nada que alumbrar.

Si he perdido mis años
y las rojas hogueras ya tiritan,
azules, a lo lejos.

VERANOS

A Mónica Doña

SIEMPRE busqué el valor en los brazos del miedo.
En la siesta infinita de la niñez sonaban,
al fondo de la casa, en el bochorno de la tarde,
voces entrecortadas, ecos de los mayores,
restos de conversaciones
                              dormidas
sobre las mecedoras.

Mientras tanto,
en la otra orilla de la siesta,
los críos escapábamos
al fuego de las calles.
Entre gritos compartíamos
un carro de madera deslumbrante
–mi caballo de adioses–
que bajaba la cuesta solitaria
chirriando sus ruedas metálicas,
abriéndose en la tarde pegajosa,

audaz, acelerado.
Yo me agarraba fuerte al manillar o las bridas,
con el corazón en la boca.

Pero nunca frené. Sabía que al final,
en el llano, las ruedas locas calmarían su afán
y se detendrían justo allí,
donde las casas abren sus portales de sombra.

Para que al fin me alzara sobre mis piernas flacas,
temblorosas.
En medio de la calle.
En los brazos del miedo.

ADIÓS MUCHACHOS
(Aprendiendo a aprender)

Podíamos pasar la tarde
juntos como si fuéramos otros,
mezclando historias infinitas
con infinitas riñas,
gritos y arreglos
pacificadores.

Jugábamos a solas,
lejos de la mirada de los mayores,
como si no existieran
en nuestro espacio aparte.
Como si tras la puerta falsa
nos olvidase el mundo.

Pero éramos nosotros
los que no olvidábamos ese mundo
grande a nuestros ojos,

ajeno,
aunque empapándonos por dentro.

A solas, pues
–creíamos ilusos–,
con campo propio de batalla,
señores de la historia
cada hora arrebatada al tiempo de los mayores,
al ritmo impuesto de las cosas.
con orgullo inconsciente.

Y sin embargo
nuestro precioso reino escondido
no era al fin y al cabo,
más que el patio trasero de la casa
y nosotros heroicos fantasmas,
reflejos infinitos,
tan felices como infelices,
con el fuego de la ingenuidad.

Y así pasábamos las tardes,
aprendiendo a aprender
en un mundo de fábula,
aprendiendo a ser nadie.

POEMAS INÉDITOS

(2017)

CACTUS

Para Cristina

Dos pequeños cactus,
rosa fuerte,
amarillo,
en mi estantería
lucen firmes.
Parecen vigilantes,
enhiestos
guardianes de las letras.
Son capaces de herir,
como la poesía.

COSAS QUE SUCEDEN ALLÁ ARRIBA

Busqué en mis versos
el aire de la Alhambra,
y brillando surgió desde el olvido
aquella noche
de luna en los estanques y en tus ojos:
años ochenta, Alberti recitando
a Lorca entre arrayanes,
murmullos de agua.
Tu voz roja en mi oído.
Altas torres guardando a los poetas.

INTIMIDADES

> «Otras bocas vendrán
> a borrar nuestros besos».
> J. M. Serrat

Encontré una quemadura en la colcha
y tuve que acordarme de ti,
mi amor,
y de tus cigarrillos Habanos.

Luego me he visto en el espejo.
No te inquietes por habernos dejado.
Sólo te habrás perdido la vejez,
esa decrepitud que nos acecha,
y un mundo cada día más atroz.

En cambio,
te fuiste de puntillas,
a tiempo,
como tu corazón cansado,
pero con una luz en la mente
y en los ojos
que todavía me clava
su llama deslumbrante.

Y lo hará siempre.

ÍNDICE

Prólogo de *Ioana Gruia* 7
    Nota 36
    Libros y antologías de Ángeles Mora 37

PENSANDO QUE EL CAMINO IBA DERECHO (1982)

Fuerza secreta 43
Coup de foudre 44
La ausencia es una forma de estar ciego 45
No sólo con los ojos 46
Claudicar y muriendo 47
El ángel 49
Las puertas cerradas de la noche 50

LA CANCIÓN DEL OLVIDO (1985)

[*Aquel tan luminoso, delicado...*] 55
Contra ti 56
[*Tú, tu presencia...*] 57
Otra educación sentimental 58

JAM SESSION	60
EN UN PROFUNDO SUEÑO	61
[DIME...]	62
LA CHICA MÁS SUAVE	63
UNA LACRIMA SUL VISO	64
SONETO DE TU NOMBRE	66
SATISFACCIONES	67
UNA SONRISA EN MEDIO	68
SIMPATÍA PARA EL DIABLO	69
LA CALLE EN QUE TÚ VIVES	71
HUÉSPED ETERNO DEL ABRIL FLORIDO	72
CASABLANCA	73

LA GUERRA DE LOS TREINTA AÑOS (1990)

LOS DESASTRES DE LA GUERRA	77
SIMPLEMENTE JAZZ	79
[BUSCÁBAMOS TAL VEZ ALGUNA...]	81
AIMEZ-VOUS BRAHMS?	82
[PONERSE LA BUFANDA...]	85
YO FEMINISTA, EN UN CONCIERTO	87
CAMBIANDO UN POCO LOS PRONOMBRES	89
A MI BUEN AMIGO, QUE SE FUE A LA PLAYA, DEJÁNDOME EN ESTE DESIERTO, CALCINADA	90
AGUJA DE NAVEGAR AMORES	91
LA CHICA DE LA MALETA	92
EL TERCER HOMBRE	94

LA DAMA ERRANTE (1990)

Pormenores 101
Casi un cuento 102
Sueños de seductor 104
De la virtud del ave solitaria 105
Conocimiento de las ruinas 106
Gastos fijos 108
Elegía y postal 109
Entreacto 111
Noches y días. I 112

CALIGRAFÍA DE AYER (2000)

Fotografía con pátina (ii) 117
Mester de juglaría 119
En el álbum de Irene 120
Cubo naïf de Curro 121
Summertime 122

CONTRADICCIONES, PÁJAROS (2001)

El infierno está en mí 125
Para hablar contigo (ii) 127
Cantos de sirenas 128
Las hojas muertas 129
Poética 130
Se piangi, se ridi 131

Buenas noches, tristeza 133
Compañías 135
Espacios 136
Primeros vuelos 137
Stony brook (2) 138
Epigrama 140
Mi amiga y yo 141
Casa de citas 142
Materia oscura 144
El porvenir tarda demasiado 146
Contradicciones, pájaros 147
Variaciones sobre Wordsworth y Auden 148
El espejo de los espías 149

BAJO LA ALFOMBRA (2008)

De poética y niebla 153
Feeling/canción 156
No hay mar que no contenga un cielo 159
Una carta 161
Saborear 163
El rincón del gourmet 164
Silencios 166
Mira también la noche 168
Cuando la muerte tiene un rostro amigo 171
El futuro 172
Con un solo juguete 173
Fronteras 174

Caminos de vuelta 176
Saber de ti 178
Bajo la alfombra 180
Luz que no llega 182

FICCIONES PARA UNA AUTOBIOGRAFÍA (2015)

A destiempo 187
¿Quién anda aquí? 189
Planchando las camisas del invierno 191
Noche y día 193
La soledad del ama de casa 195
Sola no estás 198
Emboscadas 200
Consonancias conmigo en asonante. I. Dándome pie 201
Lugares de escritura 202
Invierno 204
Sed 205
Hoy es mi día 206
Palabras nuestras 207
Cumpliendo años 209
Afán 211
Una forma de vida 212
In the windmills of your mind 215
El hueco de lo vivido 217
El ayer 219
Tántalo o el mañana 220
Más allá de la muerte 221

Presencia del tiempo 222
Veranos 225
Adiós muchachos 227

POEMAS INÉDITOS (2017)

Cactus 231
Cosas que suceden allá arriba 232
Intimidades 233

La sal sobre la nieve,
antología poética de
Ángeles Mora,
salió de la imprenta
el 2 de mayo de 2017